LES CHEMINS DU PARADIS

Dépôt légal : 2014
Bibliothèque et Archives nationales du Québec
Bibliothèque et Archives Canada
© Editions de l'Érablière
5-2130 rue Galt Crescent, Montréal
Québec, Canada (H4E1H6)
7-450 51ᵉ Rue Ouest Charlesbourg
Québec, Québec, Canada (G1H5C5)
ISBN 9782981300430

MAGLOIRE MPEMBI

LES CHEMINS DU PARADIS

Éditions de l'Érablière

DEDICACE

À Vic

À Sivi

À Kiessé

À tous ces étudiants qui, régime après régime, ont toujours été à l'avant-garde de la lutte pour l'instauration d'une vraie démocratie...

REMERCIEMENTS

- Je remercie particulièrement Victoria Massamba, Marie-Thé Wameso, Marie-Noël Wameso, JD Masala, Simplice Kanza, Blaise Ngiulu, Papy Bafwanisi, Bellarmin Mankulu, Robert Magundu, Landry Kiketa, Fanfan Nzeza, Adada Miankodila, José Bilongo, Robert Luyeye, Tanti Bazinga, Ben Banzuzi et tous ceux qui au sein de la Troupe théâtrale l'Oracle de l'Aumônerie catholique des milieux universitaires de Kisantu ont donné corps à ces textes.

- Je remercie également Willy M Lukanga qui n'hésite jamais à soutenir ces projets d'écriture. Thank you brother !

1. ... COMME PAR HASARD ...

— *J'ai été haï de mon père depuis le berceau ; c'était un de mes grands malheurs ; mais je ne me plaindrai plus du hasard, j'ai retrouvé un père en vous, monsieur.*

— *C'est bon, c'est bon, dit l'abbé embarrassé ; puis rencontrant fort à propos un mot de directeur de séminaire : il ne faut jamais dire le hasard, mon enfant, mais plutôt la providence.*

(Stendhal, Le Rouge et le Noir, 1830, p. 236)

César marchait d'un pas rapide. Il tenait à être devant le bureau de l'appariteur à l'heure indiquée sur le prospectus de l'Université de la Lukaya. Son obsession de la ponctualité était parfois agaçante. Il le savait, mais se sentait incapable de s'en départir. À vrai dire, il n'en avait guère envie. La ponctualité était la politesse des rois. Il était prêtre. Il était le vicaire d'un Roi. Il était le Roi. Un sourire éclairait son visage chaque fois que ce syllogisme se profilait quelque part dans ses méninges. Chez lui le péché de l'orgueil ne se manifestait que comme cela : se prendre pour un Roi et se comporter comme tel en matière de ponctualité.

Le bureau de l'appariteur se trouvait à dix minutes de marche de la cure où il logeait depuis une semaine. Lors de la publication des dernières nominations, il avait eu la surprise de voir qu'il était envoyé aux études selon la formule consacrée : « Le Saint-Esprit et nous... » Il faut croire que l'Évêque prenait son rôle très au sérieux au point de demander l'avis du Saint-Esprit pour les grandes décisions concernant ses prêtres. Et quand le Saint-Esprit décide, on ne discute pas !

César avait un moment été irrité par cette nomination décidée sans son avis contrairement aux habitudes en vigueur dans le diocèse depuis quelques années. Mais s'étant souvenu que huit ans plus tôt, il avait au cours de l'interview précédant l'admission au Grand Séminaire de Mayidi indiqué que son deuxième choix de vie était la Médecine, choix qu'il avait réitéré quelques années plus tard avant l'admission en théologie, il s'était ravisé. L'évêque devait bien tenir ses fiches. C'est bien son désir qu'il comblait quelque part. Bien nombreux étaient ses confrères qui auraient souhaité être à sa place. Il n'allait tout de même pas faire le capricieux ! C'eût été idiot.

César était âgé de vingt-sept ans. Son père, charpentier dans la cité de Kintanu était décédé l'année de l'obtention de son diplôme d'état. Lui le fils de l'ouvrier avait choisi la prêtrise, encouragé par le curé de sa paroisse qui était en même temps son professeur de religion au collège. Esprit brillant et pondéré, discipliné et pieux, il forçait l'admiration de ses enseignants. Le curé était convaincu qu'il ferait un bon prêtre. Sa mère ne s'était pas opposée à l'idée de devenir la génitrice d'un « consacré ». Ses trois sœurs ainées s'étaient mariées et comptaient au total sept enfants. Son frère cadet finissait la première année du secondaire. Maman était grand-mère et cela lui suffisait amplement. Ya Théthé avait été la seule à émettre des doutes. Un peu égoïstement, elle regrettait qu'un cerveau comme celui de son petit frère soit récupéré par l'Église à son seul profit. On lui rétorqua que la famille gagnerait plus en termes de bénédictions divines en donnant à Dieu un de ses fils. Elle n'y croyait que mollement, elle qui était habituée à travailler dur pour gagner son pain. Mais que pouvait-elle seule contre tous et surtout contre la volonté de son frère qui semblait heureux d'embrasser la voie du célibat ?

Sa sobriété voire son austérité marquait le visiteur. Les murs d'une blancheur sépulcrale étaient parsemés des portraits des professeurs bâtisseurs de l'Université de la Lukaya. Leurs regards figés par le temps semblaient témoigner silencieusement des efforts accomplis par le peuple de la côte pour se doter de son « alma mater ». Ces noms ne disaient plus rien aux générations actuelles. Ils sonnaient plus familièrement que ceux appris à l'école secondaire sans plus. Kaba Sengele, Malongo Nkodi Nkutu, Nsonsa Vinda ou Mayaka Ma Kanda étaient quand même plus facile à retenir que les Vercingetorix, Garibaldi ou autre Robespierre que l'on ingurgitait aux enfants durant les arides cours d'histoire dispensés sous la chaleur dans les différents collèges et autres lycées.

César frappa à la porte de l'appariteur. Une voix doucereuse, on aurait dit une femme, lui enjoignit d'entrer. Il franchit le seuil de la porte et salua l'appariteur. Malgré sa voix, c'était bien un homme qui était assis derrière un bureau massif fait avec du bois local.

« Bonjour Monsieur

— Bonjour. Que puis-je faire pour vous aider ? »

L'appariteur parlait sans regarder son interlocuteur apparemment occupé à arranger les documents présents sur son bureau. La formule devait avoir déjà été répétée des dizaines de fois depuis le début de la journée. « Que puis-je faire pour vous aider » ? Petite phrase simple qui avait le mérite de rassurer le visiteur.

« C'est pour une inscription.

— Est-ce pour vous-même ?

— Oui.

— Je vous prie de vous asseoir à côté et de bien vouloir remplir le formulaire. Faites à votre aise et surtout écrivez lisiblement. »

Le prêtre s'assit et se mit aussitôt à compléter les pointillés par les renseignements demandés. Aussitôt terminé, il remit le formulaire à l'appariteur. Celui-ci y jeta un œil attentif. Il découvrit que le candidat détenait un graduat en philosophie et un autre en théologie. Il en fut quelque peu surpris.

« Êtes-vous prêtre ?

— Oui je suis prêtre.

— Mais qu'êtes-vous venu faire ici alors ?!? »

La question fut posée sur un ton de reproche. Que venait bien faire un abbé à la Faculté de Médecine de l'Université de la Lukaya ? L'appariteur entretenait un rapport singulier avec l'Église. Il l'abhorrait. Pour lui, tout ce qui était catholique relevait de... l'hypocrisie. C'est la thèse qu'il soutenait mordicus en privé. Il avait banni tout commerce avec les représentants de cette Église dont pourtant il ne pouvait ignorer l'impact sur la société. L'appariteur était anticlérical. Il fustigeait le célibat des prêtres. Une règle contre nature et en effet jamais respectée répétait-il à l'envi. Chaque scandale sexuel impliquant un prêtre apportait de l'eau à son moulin. Lorsqu'en Belgique et aux É.-U. les médias rapportèrent les scandales de la pédophilie, il eut tout le loisir de marteler son crédo auprès de ses amis. Il se fit même quelques ennemis dans la région de la Lukaya où le catholicisme avait forte influence. Il vivait néanmoins une sorte de contradiction personnelle. Ses enfants allaient à l'école chez les bonnes sœurs. Le Lycée de la Lukaya était l'école la plus performante de la région. Autant il était antipapiste, autant il savait faire preuve de pragmatisme. Il n'était pas homme à sacrifier l'instruction de ses enfants en raison de considérations idéologiques. Pourtant la présence de ce prêtre dans son bureau l'irritait. C'était plus fort que lui.

« Qu'êtes-vous venu faire ici ? »

Il avait répété la question comme s'il n'avait pas été compris la première fois.

« Je suis venu apprendre. Le diocèse a besoin des médecins pour les villages les plus reculés et pour l'hôpital qu'il va ériger bientôt.

— Mais notre université est laïque !

— Y aurait-il une clause dans le règlement qui interdise aux prêtres d'y être inscrits ?

— Ma foi non ! Mais je suis ici depuis longtemps et j'ai vu bien de gens passer. J'ai le sentiment que votre présence ne sera pas acceptée de tous.

— Jésus-Christ non plus ne fut pas accepté par tous !

— Et on le crucifia comme un vulgaire voleur.

— Et cela permit de sauver toute l'humanité. »

Le dialogue entre les deux hommes était tendu. L'appariteur était incapable de réprimer son agressivité. Il regrettait intérieurement la tournure prise par la conversation, mais ne pouvait s'empêcher de continuer sur sa lancée. Il était pourtant conscient des risques qu'il encourait. Si César rapportait la discussion auprès de ses supérieurs qui sont généralement membres ou amis des membres du Conseil d'administration de l'Université, c'en serait fini de sa carrière. Mais d'instinct il se dit que le jeunot assis devant lui était certainement un naïf qui souhaitait discuter de sa foi avec un sceptique plutôt que de lui créer des problèmes. L'appariteur poursuivit la discussion sur le même ton.

« Permettez-moi de vous dire une petite chose. Je n'ai pas le sentiment qu'il y ait eu un avant et un après-Jésus. Son adultérine naissance n'a rien changé. Les gens continuent à s'entretuer, les femmes à être violées, les hommes à être trompés. Mensonges, vol, violence, corruption se portent toujours bien. Les guerres n'en finissent pas. Regardez la carte du monde et dites-moi où les hommes vivent en paix. Irlande, Bosnie, Tchétchénie, Soudan, RD Congo, Syrie, Libye et j'en passe et des meilleurs. Au fond, il suffit de regarder de plus près l'Histoire du monde pour se rendre compte que toutes les guerres les plus sanglantes ont un soubassement religieux. Les deux guerres dites mondiales, les guerres coloniales ou les croisades de notre temps menées par les puissances au nom de la liberté, la démocratie ou de la lutte contre le terrorisme dans le cadre du choc des civilisations. Les plus grands états d'asservissement qui abaissent l'homme ont pour base cet "Évangile de paix" qu'il nous aurait apportée. J'espère que les maux comme apartheid, esclavage, colonisation vous disent quelque chose. Votre Jésus Monsieur l'Abbé si tant est qu'il ait existé, votre Jésus, il a échoué ! Et les gens comme vous qui participent au maintien d'une institution poussiéreuse, arriérée et anachronique n'êtes que des fantoches sans envergure ni volonté. Excusez-moi si je vous offense, mais c'est ce que je pense, je tenais à vous le dire. »

L'appariteur parut soulagé d'avoir exprimé aussi vivement sa pensée. Le prêtre réfléchit un moment à la réponse à donner à pareille diatribe. Il se dit que son interlocuteur devait avoir de bonnes raisons pour se montrer aussi violent à l'égard de l'Église. Il fit un effort pour être mesuré dans sa réponse.

« Vous ne m'avez point offensé. Vous soulevez des questions intéressantes dans votre discours qui, vous pourriez ne pas le croire, font également l'objet de ma propre réflexion. C'est vrai que les adeptes du Christ dont je fais partie se comportent souvent comme des sauvages. C'est vrai que nous les prêtres ne montrons toujours pas l'exemple à suivre et entraînons le peuple de Dieu dans des luttes fratricides qui par essence ne peuvent contribuer au progrès moral de l'homme ni l'emmener près de Dieu. Mais laissez-moi vous dire Monsieur l'Appariteur que ce n'est pas Jésus-Christ qui a échoué. Ce sont les hommes. Ils n'ont pas réussi l'examen de passage de l'hominisation, lequel examen devait faire d'eux des hommes plus humains, soucieux du bien-être des autres, malgré le message ô combien humaniste de Jésus-Christ. Les hommes n'aiment pas les hommes. *Homo homini lupus.*

— Je vous reconnais là. Je suppose que vous êtes ainsi formaté à Mayidi. Toujours prêts à sortir des concepts séduisants qui vous permettent d'avoir bonne conscience. On n'est pourtant pas là pour une analyse conceptuelle. On voit des faits qui tombent sous le sens et contre lesquels le concept n'a justement aucun effet. Ne vous cachez pas derrière un corps transparent aussi glorieux soit-il sémantiquement. Il ne faut pas oublier que souvent si l'élève échoue, c'est bien parce que le Maître n'a pas su transmettre le savoir. L'échec de l'élève est donc bel et bien l'échec du maître. N'est-ce pas vous qui l'appelez "Rabbi" ?

— Il ne faut pas non plus oublier qu'il ne s'agit pas d'un cours de sciences naturelles que les élèves devraient mémoriser. Il s'agit ici d'adopter un modèle de vie, de l'intégrer et d'y marquer tous ses intérêts. Ce modèle de vie n'est pas contraignant, mais sollicitant. Les hommes seront toujours libres de l'accepter ou de le refuser. En ce qui me concerne, je peux vous le dire solennellement, je n'ai qu'un seul crédo : prêcher par l'exemple. Chaque fois

que le peuple de Dieu sera menacé, je serai derrière lui ?
C'est pour lui que j'ai accepté d'être prêtre.

— Reconnaissez au moins que l'Église devrait se
remettre en question et réfléchir. Elle doit trouver ce qui
ne va pas en son sein et qui empêche le peuple de Dieu de
suivre réellement le Christ. Tant que cela ne sera pas fait,
je ne mettrai pas mes pieds dans une église.

— Je sais qu'il y a beaucoup à faire. Je sais aussi que
vous êtes guidés par un humanisme très profond. Je
voudrais simplement vous demander de m'aider à être un
bon prêtre.

— Ce sera par des critiques acerbes Monsieur l'Abbé.

— Pourvu qu'elles puissent m'aider.

— Je vous souhaite bonne chance dans vos études

— Je vous remercie Monsieur. »

2. ... Julie rencontra Cesar...

*La nature s'était parée comme une femme allant à la
rencontre du bien-aimé*

(Balzac, Lys, 1836, p. 36)

César eut du mal à se rendormir. Il ne cessait de
repenser aux propos tenus quelques heures plus tôt par
l'appariteur. Les mots claquaient dans sa tête. Il fut pris
de doutes et se plongea dans une sorte de méditation-
introspection à la fois douloureuse et cathartique. Très
loin de la casuistique propre aux Jésuites, habile
rhétoricien, César n'en demeurait pas moins
pragmatique. Sa foi, son engagement voire sa réflexion
n'avaient qu'une fin : la praxis.

Il se mit à écrire dans son carnet noir qui recueillait
depuis une dizaine d'années ce qu'il appelait lui-même
« les errements de l'esprit ».

Je suis devenu prêtre sur un coup de tête. Pourtant je
reste convaincu que c'est la seule façon de se mettre
complètement au service des autres sans restrictions. Ne
plus vivre pour soi-même, mais se donner complètement
aux autres. Rendre service et conduire le peuple de Dieu
au Paradis. Cela suppose évidemment de la part du
prêtre un mode de vie qui porte témoignage. À entendre
ce monsieur, la vie des prêtres laisserait à désirer. Les
femmes par-ci, la recherche des plaisirs par-là, la culture
du luxe, de la « dolce vita » laissent une impression de
vocations intéressées. En plus, les nouvelles en
provenance des Églises sœurs d'Europe ou des États-

Unis ne sont pas réjouissantes. Ainsi comment expliquer au peuple que Mgr Weakland ait ruiné son diocèse en dommages et intérêts pour des actes de pédophilie et qu'il a payé cher le silence d'un homme avec qui il avait eu des relations homosexuelles, 450.000 dollars avec les fonds diocésains ? J'en viens souvent à me demander si l'état de prêtrise est le meilleur moyen pour la possession de tous ces biens ou pour la pleine jouissance de ses sens. Je ne le pense pas. Comment faire comprendre au peuple de Dieu que la vie des prêtres n'est pas un long fleuve tranquille ? Comment lui faire comprendre que l'on ne devient pas prêtre pour jouir des biens matériels : argent, luxe ou luxure ? On devient prêtre parce que l'on a beaucoup d'amour pour l'homme et que l'on veut se mettre à son service. Et en se mettant à son service, on sert Dieu que l'on ne voit pas, qu'on ne perçoit que par sa création. Je garde l'espoir que tous les prêtres sont animés de mêmes sentiments. Même si je ne suis pas dans le secret de leurs cœurs, ceux que je connais me paraissent sincères. J'en viens donc à me demander pourquoi l'Église jouit d'un tel discrédit. Je n'ai pas l'impression qu'ils commettent plus de péchés que les pasteurs ou autres évangélistes. Je ne peux pas nier qu'il y a des faits dans mon Église qui mettent à mal la foi de bien de chrétiens. Mais est-ce une situation si singulière ? Les Églises dites de réveil pourfendent le « laisser-aller » en matière de sexe chez les catholiques. Je voudrais bien croire en leur sincérité. L'expérience montre que ces Églises, à l'heure actuelle, ressemblent plus à des agences matrimoniales. Les bergers, pasteurs ou autres évangélistes voient en songe quelle sœur devrait aller avec tel frère. On organise la fornication et on appelle cela « fiançailles ». Au fond ils ne sont pas meilleurs que nous. L'homme est le même partout. Il est intéressé, égoïste, menteur, vil, mais aussi serviable, altruiste et sincère.

César s'arrêta un moment les yeux dans le vague. Il s'était replongé dans ses années au séminaire, à l'époque où il écrivait régulièrement pour la revue du diocèse : un article par mois traitant d'un sujet de théologie morale pendant trois ans. Il était devenu une petite star dans le microcosme des prêtres et des séminaristes. Sa plume élégante était attendue. D'aucuns lui prédisaient un avenir brillant dans la recherche en sciences bibliques. L'Ordinaire du lieu en avait décidé autrement.

Le travail du prêtre consiste à révéler aux hommes ces qualités qui sommeillent en eux. Difficile de réaliser cette mission si l'on traîne derrière soi une réputation louche. Il faut prêcher par l'exemple. C'est mon crédo et le seul. Prêcher par l'exemple. Je m'engage à combattre le mal. À mes ouailles j'apprendrai à combattre le mal et serai à leurs côtés. C'est par l'action que j'arriverai à convaincre. Il faut agir pour convaincre. Il faut agir pour changer ces cœurs de pierre en cœurs de chair.

Il s'endormit tout habillé. Il se réveilla groggy. Comme s'il avait participé la veille à un combat de rue. Il se rendit aussi vite qu'il put sur le campus. Sur le mur d'affichage des communiqués, César eut toute la peine du monde à retrouver l'horaire dont on lui avait pourtant assuré qu'il était affiché. Il finit par apostropher une jeune étudiante debout à côté de lui.

« Mademoiselle s'il vous plaît. Pourriez-vous m'indiquer l'horaire de la classe de première année médecine. J'ai du mal à me retrouver sur ce tableau. »

Julie fut surprise par cette demande. Elle se retourna et reconnut le prêtre par son allure. Il était rare d'entendre un étudiant formuler pareille requête devant les valves d'affichage. Elle lui indiqua la ligne et la colonne correspondant à son programme. Ils échangèrent quelques banalités. Julie promit en plaisantant d'assister aux messes de l'abbé. César était loin de s'imaginer qu'il venait de faire une rencontre qui allait s'avérer déterminante pour la suite.

En rentrant chez lui le soir, il se sentit plus détendu. Il avait l'impression de ne pas avoir trouvé la meilleure réponse à donner aux critiques de l'appariteur. Il avait néanmoins la certitude de la proximité de celle-ci. Il devait ouvrir les yeux et bien regarder autour de lui. La solution était à portée de main. Pourtant, de manière insidieuse montait en lui également l'angoisse de l'échec du moucheron, celle de se soustraire aux grands périls et de périr pour la moindre affaire... Entre cet appariteur et lui s'engageait lutte de longue haleine, de celles que l'on gagne par l'endurance et l'usure, de celles où la force brutale ne sert à rien, où seul l'effort soutenu et répété garantit la victoire. Était-il prêt à s'inscrire dans ce marathon ? Il n'avait plus le choix. Il y était déjà bon gré mal gré. À ses côtés courait l'appariteur, droit dans ses bottes. Il courait tranquillement, un sourire narquois au coin des lèvres, la tête haute. De temps en temps, il se tournait en direction de César, sûr de lui. Pour l'instant, le prêtre ne visait pas la victoire, mais une seule chose : ne pas tomber, ne pas perdre pied, ne pas laisser l'appariteur le distancer. Au milieu de la foule, il y avait une course dans la course, la plus importante sans doute, celle qui opposait César à l'appariteur. La course venait de commencer. Tous avaient les yeux fixés vers la ligne d'arrivée invisible au loin...

3. ... DANS UNE CHAMBRE D'ETUDIANTE...

Nana vivait au premier étage, dans ses trois pièces, la chambre, le cabinet et le petit salon.

(Zola, Nana, 1880, p. 1348)

« Je veux te raconter quelque chose de grave ma chère ! »

C'est quasiment en hurlant que Julie s'adressa à sa colocataire de la Maison Jaune en ouvrant la porte de la chambre. Cette vieille bâtisse d'allure coloniale se trouvait pratiquement à l'entrée de la ville universitaire de la Lukaya, sur la grand-route. Elle appartenait à un médecin, un vieux de la première génération des praticiens formés par les colons. Il habitait la grande ville et avait sa villa mise à la disposition des étudiantes. C'est là que Julie et Sylvie avaient trouvé « refuge ». Voilà deux ans qu'elles étaient à la faculté. La vie semblait leur sourire. Les deux filles étaient aussi inséparables qu'elles étaient différentes l'une de l'autre. Julie était mince et explosive. Elle avait la tête près du bonnet. Elle réagissait vivement à la moindre contrariété. Belle et sûre d'elle-même, elle avait la peau très noire et de très longs cheveux. Pour cette raison, sur le campus, les copines l'avaient surnommée « l'Antillaise ». Son sourire était ravageur et plutôt célèbre. À l'époque, une chanson de Koffi Olomide intitulée « Silivi » défrayait la chronique aussi bien en raison de son clip sulfureux interdit à l'époque par les autorités que de son texte plutôt vulgaire. « Silivi asentamaki kan ? » était la ritournelle fredonnée par toutes les lèvres. Un des couplets chantés par Mopao Mokonzi Sarkozy Akrame Le Conquistador Rambo Quadra Kora Man Chéri O Benoit XVI Papa Top Papa Sucre disait en substance « Naza rishe na kitoko kasi na bolingo pôvre » amusait beaucoup les deux amies. Sylvie, petite de taille, dodue, au visage arrondi, moins intempérante était casée. Voilà belle lurette qu'elle n'avait plus de soucis pour son cœur. Entre les deux jeunes filles c'était bien évidemment un sujet récurent de conversation. Aussi lorsque Julie lui dit : « Je veux te raconter quelque chose de grave ma chère ! », Sylvie lui répondit tout de suite : « Toi tu as rencontré quelqu'un ! » Julie se mit à rire nerveusement et se précipita dans la chambre, s'assit sur le lit à côté de son amie.

« Oui. J'ai rencontré un garçon très beau je te jure ! Très comme il faut. Il m'a subjuguée je te jure. J'en ai encore les mains moites.

— Dis donc, c'est très sérieux !

— Oui je te dis. Je crois c'est LUI !

— Tu as beaucoup de chances ma chérie. C'est rare de rencontrer le prince charmant. On est souvent obligé de remplir. »

Le ton de Sylvie était ironique. Julie ne s'en rendit pas compte, empotée par son élan.

« Il est courtois, gentil, éloquent et distingué. Il m'a l'air intelligent et un brin timide, ce qui ne gâche rien.

— Écoute ma chérie, des garçons courtois, gentils, éloquents, distingués, intelligents et un brin timides, il y en a à la pelle. Est-ce suffisant pour t'emballer à ce point ?

22

— Écoute Sylvie Voilà quatre ans que nous nous connaissons. Tu sais comment je traite les hommes. Mais il est différent. Crois-moi !

— Ça devait bien arriver un jour !

— Ne te moque pas de moi Sylvie, je suis très sérieuse !

— D'accord ! D'accord ! Quelle est la suite des évènements ?

— Je vais saisir cette chance qui s'offre à moi.

— Es-tu sûre d'y parvenir ?

— Ma chère Sylvie, j'ai l'impression que tu me connais mal. J'ai plus d'un tour dans mon sac pour attraper les poissons.

— Si tu es sûre que c'est un beau parti, alors je suis derrière toi.

— Je savais que je pouvais compter sur toi pour me soutenir.

— Au fait qui est ce garçon qui t'a mise dans tous tes états ?

— C'est ça le problème : c'est un étudiant !

— Je ne comprends pas. Depuis quand est-ce qu'un étudiant pose problème à une étudiante amoureuse ?

— Je n'ai pas fini. C'est un étudiant-prêtre !

— Quoi ?

— Oui tu as bien entendu. C'est un prêtre-étudiant.

— C'est un problème en effet... même si de nos jours il est de plus en plus rare de trouver un prêtre chaste ! »

Sylvie s'était tue. Julie ne rompit pas le silence qui s'ensuivit. Leurs respirations régulières et synchrones remplissaient l'ambiance. Sylvie réfléchissait à la meilleure façon de convaincre son amie d'abandonner cette soudaine toquade sans trop la heurter.

« Même s'il tombe amoureux de toi, ce qui n'est pas de l'ordre de l'inimaginable, crois-tu qu'il abandonnerait son aube pour les draps du lit conjugal ? L'expérience semble montrer que la plupart de nos filles qui choisissent leurs copains dans la curaille choisissent en fait de mener une vie marginale. Impossible de mener une vie de ménage normale. Il n'y aura pas de mariage civil, encore moins religieux et les enfants du couple, s'il y en a n'auront pas de pères, des bâtards ! J'espère que tu y penses ma chère. Et puis, qui te prendra au sérieux si ça se savait que tu couchais avec un prêtre ? Il faut vivre sa vie, mais il faut des limites ma chère...

— Et l'amour dans tout ça ? Je suis sûre de l'aimer moi !

— Il y a des amours impossibles. Et comme tu le sais, à l'impossible nul n'est tenu !

— Je l'aime. Je l'aime et je n'écouterai que la voix de mon cœur. Je vais le séduire et il m'aimera !

— Tu fais ce que tu veux, mais je t'aurai prévenue. Quoi qu'il en soit, je serai toujours à tes côtés.

— Et pour commencer, j'assisterai désormais à toutes ses messes.

— Voilà qui lui fera certainement plaisir ! »

4. ... Pour dire la messe...

... À travers tous les jours de chaque homme, et tous les âges de l'Église, et toutes les périodes du monde, il n'y a qu'une seule messe et qu'une seule communion. Le Christ est mort une fois douloureusement. Pierre et Paul reçoivent tel jour, à telle heure, la sainte Eucharistie. Mais ces actes divers ne sont que les points, diversement centraux, en lesquels se divise et se fixe, dans le temps et dans l'espace, pour notre expérience, la continuité d'un geste unique.

(Teilhard de Chardin, Milieu divin, 1955, p.151.)

La chapelle de l'Aumônerie universitaire ne se trouvait pas loin du campus. Elle était de construction relativement récente, bâtie sur un terrain longtemps utilisé par les épouses des professeurs du lycée technique pour planter le manioc. Ce fut d'ailleurs une pomme de discorde avec la Procure du Diocèse. Ce manioc était vital pour les familles de ces enseignants plutôt mal payés. L'abbé André avait dirigé les travaux de construction avec un certain bonheur. Les travaux s'étaient étalés sur près de cinq ans. Le résultat était plutôt satisfaisant. Les murs étaient peints en blanc crème. Les toiles d'un artiste local marquaient les stations du chemin de croix entre les fenêtres en style roman. La nef était assez grande pour recevoir deux rangées de bancs en bois séparés par une large allée par où passait la procession. Les stations du chemin de croix étaient marquées par des tableaux exécutés par un certain Jeanpy, peintre, sérigraphe et photographe bien connu dans la région.

Dans ses habits solennels, aux yeux de Julie, César paraissait transfiguré. Ses gestes étaient majestueux. Le débit lent et profond marquait les oreilles d'un tempo divin. Les paroles rituelles précédant la symbolique agapê furent récitées avec autant de vigueur.

« ... Heureux les invités au repas du Seigneur. Voici l'agneau de Dieu qui enlève le péché du monde.

— Seigneur, je ne suis pas digne de te recevoir. Dis seulement une parole et je serai guéri.

— Que le corps et le sang du Christ vous gardent pour la vie éternelle !

— Amen. »

La chorale entonna le chant de communion alors que les membres de l'assemblée allaient sans se presser au-devant du prêtre recevoir l'hostie blanche. Julie aussi se rapprocha du prêtre pour recevoir sa part du repas. Elle ne tendit pas les bras comme toutes les jeunes filles de son âge. Elle tendit sa bouche afin que César y déposât délicatement « le corps du Christ ». Son pouce et son index entre lesquels il tenait l'hostie effleurèrent les lèvres de l'étudiante. Il ne se rendit compte de rien, alors que pour Julie c'était bel et bien un signe.

La messe s'acheva comme elle avait commencé dans une atmosphère d'allégresse. Les messes en Afrique étaient loin d'être tristes. C'étaient de vrais moments de rencontre. La paroisse universitaire n'échappait pas à la règle. Avant de la clôturer, César avait invité les jeunes qui souhaitaient s'engager dans l'action sociale à se faire connaître. Il les réunissait juste après. Pour Julie c'était l'occasion rêvée de revoir son apollon.

L'abbé rejoignit le petit groupe dans la salle des réunions attenantes à la chapelle. Ils étaient au nombre de 13. Il les pria de s'asseoir.

César s'adressa ainsi au groupe de treize :

« Si je me suis permis de vous réunir ce matin c'est pour faire le point sur un certain nombre des sujets qui concernent notre vie académique. Tout le monde le sait, il s'est installé au fil des années un certain nombre des pratiques douteuses alliant clientélisme et négligence. Le minimum qu'un étudiant peut attendre de son université est difficilement atteint. Que ce soit en termes d'infrastructure ou en termes de contenu scientifique, nous avons beaucoup de soucis à nous faire. Un regard même distrait sur notre environnement immédiat permet déjà de constater que les salles de cours ne sont pas régulièrement nettoyées. Les bâtiments se dégradent à vue d'œil. Pendant ce temps, la voix des étudiants n'est pas écoutée. Il n'existe aucune représentation des étudiants au sein des instances dirigeantes de l'université. La situation a atteint des sommets avec des instructions données par le recteur aux jurys de délibération à en croire certaines sources régulièrement bien informées. Il a transmis directement une liste des étudiants et surtout d'étudiantes à qui la réussite devait être assurée. Tels les grains d'un chapelet, la liste des méfaits de l'actuelle équipe dirigeante se déploie sans fin. Il ne semble pas exister de force capable de l'arrêter. Chaque jour qui passe accentue la débâcle aujourd'hui invisible, mais qui bientôt remontera avec fracas à la surface. »

Le discours de César était tranchant. Les treize participants à la réunion étaient conquis et l'écoutaient religieusement.

« Il n'est pas concevable que, dans ces conditions, les chrétiens demeurent indifférents à moins d'assumer ainsi une antinomie. Jésus-Christ notre modèle a dénoncé le mal sans jamais se lasser. Comme lui, nous devons également dénoncer le mal. On ne peut pas échapper à ce devoir de chrétien. Il le faut !

Sans demander la parole, l'un d'eux se leva de sa chaise et s'adressa au prêtre et à l'assemblée avec verve.

« Mon nom est André-Marie Mossengo. Voilà quatre ans que je suis étudiant en sciences économiques dans cette université. Ces maux épinglés ce matin même nous les connaissons. Ces maux nous les subissons. Ces maux nous vivons avec depuis des années. Une bonne génération d'étudiants avant nous a vécu dans les mêmes conditions sans sourciller. Comment expliquer pareille passivité face à l'adversité ? La réponse est simple : c'est la peur ! Oui la peur ! Nous sommes paralysés par la peur. L'Université de la Lukaya est une jungle sans foi ni loi sinon celle du recteur le Tout Puissant Majestueux Excellent Professeur Ordinaire Papa Mussaka Sirayi ! Comble du ridicule, il exige d'entendre tous ces titres égrainés lorsqu'on s'adresse à lui. Tous ceux qui ont osé défier son autocratie ont dû plier bagage. Il leur a cherché noise jusque sur les grilles de cotation. On compte une bonne dizaine d'étudiants aujourd'hui partis. Ces renvois ont marqué les esprits et depuis, plus personne n'ose lever la phalangette de l'index. Mais trop c'est trop ! Il faut lever ce tabou. Notre seule chance de réussir et de nous unir face à ce diable de Mussaka. C'est la solidarité qui nous rendra forts. Elle vaincra nos peurs ! »

Au fur et à mesure qu'il parlait, André-Marie s'excitait. Ses yeux commençaient à briller, témoins muets d'une frustration qui pensait-il, allait trouver son exutoire. Cette révolution anti Mussaka tombait à pic pour donner un peu de relief à sa misérable existence. Mossengo faisait partie de ces hommes qui, contre vents et marées, sans raison particulière en apparence, pensaient appartenir à une race élue. Quoique de pauvre extraction, il était sûr que sa place naturelle était au sein de l'élite. À défaut d'en faire effectivement partie, il se comportait déjà comme tel. Sa diction scandée, étudiée à l'extrême, rappelait par ces intonations celle de Mobutu, l'ancien Président de la République, son ennemi juré pour qui il éprouvait une sorte de fascination. Si Mobutu représentait pour Mossengo le ploutocrate par excellence, il n'en demeurait pas moins une sorte de modèle inconscient. Un de ses sujets de réflexion favoris était de comprendre comment un homme semi-illettré était parvenu à embobiner tout un peuple. Il notait consciemment ses pistes de réponses, espérant les rassembler un jour dans un ouvrage majeur sur le Léopard du Zaïre qui devrait faire de lui le spécialiste de cette période de l'Histoire du Zaïre. Il espérait même créer une discipline nouvelle dans les sciences sociales : la Mobutologie. À cette seule pensée, il entrait en érection et son visage se fendait d'un sourire hautain. En attendant, notre *mobutologue* réussissait sans briller ses études à l'Université de la Lukaya, abonné à la deuxième session. Quand les gens s'en étonnaient vu la culture et l'éloquence avec lesquelles il faisait la roue tel un paon, il se réfugiait derrière les écueils organisationnels qui ne manquaient pas sous le règne du Mussaka.

« Dans une université bien organisée sans tricherie, j'aurais été le meilleur étudiant. En fait je ne suis pas fait pour étudier dans de pareilles conditions. » On l'écoutait avec un certain agacement par moment. Mais tout le monde était néanmoins d'accord pour constater qu'il était vraiment cultivé ce cher Mossengo. Il était devenu une sorte d'énigme. Ses performances scolaires ne lui ressemblaient pas. C'est ce qu'on appelait aussi « réalités académiques ».

Et il poursuivait.

« Je veux faire partir ce recteur. J'en ai marre et je n'ai plus peur. Être homme c'est savoir dire non ! Je suis avec vous Monsieur l'Abbé ! »

Une jeune fille un peu forte de poitrine demanda timidement la parole qui lui fût tout de suite accordée.

« Je m'appelle Delphine Vangu. J'ai peur de m'engager alors que je le souhaite. Pour ma famille je représente un immense espoir. Et si on me renvoyait ? Que deviendrai-je ? »

Delphine s'était exprimée avec dans la voix une sorte de naïveté enfantine et une sincérité non feinte. Le prêtre prit son temps avant de lui répondre. Il avait senti que Delphine était le porte-voix de plusieurs. Elle avait parlé pour plusieurs qui n'osaient pas évoquer la même angoisse en présence de tous.

« Je comprends tes craintes Delphine. Elles sont réelles et fondées. Mais imagine que tout le campus marche avec nous, comment pourrait-il renvoyer qui que ce soit ? Si nous sommes tous ensemble la main dans la main aucun étudiant ne sera renvoyé. Nous nous battrons pour empêcher cela, je t'en donne ma parole. »

Delphine marqua son accord non sans un court instant d'hésitation. Les autres participants marquèrent également leur accord avec un enthousiasme limité.

César s'adressa à l'assemblée.

« Mon statut ne me permet pas de diriger directement notre association. Je pourrais néanmoins en être l'aumônier. Nous choisirons un président parmi nous. Pour l'instant, il nous faut une petite équipe pour écrire nos statuts. Je propose que nous nous retrouvions ici même le mercredi prochain pour une première réunion. »

Les uns après les autres, ils apposèrent leur signature sur la liste de présence. La réunion se clôtura par la prière.

Un petit groupe d'étudiants dont Mossengo et Julie étaient restés autour de César. Ils prolongeaient la discussion et échafaudaient déjà des stratégies à la hauteur des combats futurs qu'ils s'apprêtaient à mener. Julie écoutait d'une oreille distraite les propos parfois vifs de ses collègues. César tentait de modérer leur enthousiasme. La retenue faisait partie de la lutte, il ne fallait pas l'oublier, quelles que soient les circonstances. Elle commençait à trouver le temps. Elle voulait parler à cet homme qui commençait petit à petit à hanter ses nuits. Dans ses rêves ils étaient déjà ensemble, dans la réalité le chemin à parcourir était peut-être très long. Elle tenait à commencer son voyage en cette fin de matinée si ces garçons excités par l'idée de faire la révolution voulaient bien la laisser seule à seul avec son abbé préféré. Ce n'était pas gagné d'avance. Mossengo avait de nouveau pris la parole pour évoquer le rôle joué par l'Église catholique philippine dans la chute de Ferdinand Marcos.

« Aux Philippines, en 1986, le Cardinal Sin avait au nom de l'Église soutenu Corazon Aquino contre Ferdinand Marcos. Le président sortant dût se réfugier aux É.-U. et le choix du peuple fut respecté. Notre Église ne serait-elle pas capable de telles prises de position ? La situation actuelle du Congo ressemble pourtant à celle que connaissaient les Philippines à l'époque ! »

L'abbé César était au courant de l'histoire récente des Philippines. Un de ses aînés, l'abbé José Mpundu, connu pour son engagement social avec le Groupe Amos, avait l'habitude de s'y référer lors de ses conférences et sessions de formation. César lui-même avait écrit un article nuancé sur la question pour la revue du Grand

31

Séminaire peu de temps avant son ordination. Sans nier le rôle prophétique et hautement symbolique joué par le Cardinal Sin et la Conférence épiscopale philippine, il avait analysé les évènements dans une perspective plus large prenant en compte le rôle joué par deux autres acteurs souvent oubliés, les militaires philippins et le gouvernement américain. Le pays d'abord occupé par la couronne d'Espagne était devenu une colonie américaine en 1902 à la suite d'une bataille navale américano-espagnole perdue par la flotte du Roi. Il fallut attendre le 4 juillet 1946 pour que les Philippines accèdent à la pleine souveraineté internationale. Les États-Unis conservèrent des intérêts économiques et des bases militaires dans le pays. Voilà pourquoi ils suivaient de près les évènements qui s'y déroulaient au début de 1986. Le régime de Marcos était corrompu. S'appuyant sur les travaux d'Antoine Gazano, un des meilleurs connaisseurs de l'Histoire contemporaine des Philippines, César avait montré l'importance des enjeux géopolitiques et géostratégiques dans ce qui était présenté comme une révolution menée par l'Église :

De jeunes officiers organisés au sein de la RAM en 1980 luttaient déjà en interne contre les dérives de plus en plus manifestes. En outre les É.-U. s'inquiétaient de la montée des idées communistes. Le scrutin de février 1986 fut marqué par la violence et par la fraude. La publication d'une lettre pastorale de la Conférence épiscopale philippine les dénonçant amena les opposants à déclencher une campagne de désobéissance civile non violente. L'intervention des évêques, notamment celle du Cardinal Sin, archevêque de Manille, se révéla décisive dans le changement de régime. Dans une déclaration du 13 février 1986, la conférence épiscopale prenait clairement position dans le contentieux électoral, consécutif à l'élection présidentielle anticipée : « ... Selon notre jugement pondéré, jamais élections n'ont été menées de façon aussi frauduleuse... Au regard des principes de l'éthique, un gouvernement qui prend le pouvoir ou qui le retient par des moyens frauduleux n'a pas de fondement moral... L'heure vient maintenant de se prononcer et de redresser les torts ».

Cette prise de position inquiéta le gouvernement Reagan, car laisser Corazon Aquino renverser Marcos avec l'aide de la population constituait un danger dans la mesure où la présidente ainsi investie pourrait adopter des orientations sociales contraires aux puissants intérêts américains. Afin de préserver leur avenir, Ronald Reagan dépêcha à Manille un envoyé spécial, Philippe Habib, chargé de prendre contact avec les éléments conservateurs de l'armée, notamment le ministre de la Défense, Juan Ponce Enrile, et le chef d'état-major adjoint des forces armées, Fidel Ramos, ancien diplômé de l'Académie militaire de West Point. Washington les encouragea discrètement à passer à l'action, promettant de ne pas soutenir militairement Marcos. Menacés d'arrestation par Ferdinand Marcos, informé qu'un complot se tramait, les deux hommes se rebellèrent contre le président et se réfugièrent au camp militaire Aguinaldo le 22 février. Ils demandèrent au chef de l'État de se soumettre au verdict des urnes et de s'effacer au profit de Madame Aquino. Cette dernière se voyait ainsi privée de l'initiative du renversement de Ferdinand Marcos.

Il avait ainsi conclu son papier :

À l'époque contemporaine, une révolution ne pourrait être économe en vies humaines que si le contexte géopolitique et géostratégique du moment correspond à ses intérêts. La probabilité d'une telle convergence étant très faible, la lutte sociale ne pourrait s'envisager sans payer le prix humain à la hauteur des enjeux et du bénéfice escompté.

L'article lui avait valu quelques remontrances de la part de ses supérieurs. Il avait minimisé le rôle de l'Église et semblait fataliste. On lui avait reproché d'avoir écarté dans sa conclusion toute considération pour l'action toute puissante de Dieu « qui se moque des enjeux géostratégiques et géopolitiques, qui souverainement fait avancer le monde dans la direction qu'il estime bénéfique pour ses enfants. » L'article censuré dans un premier temps, fut tout de même publié après que l'abbé Hippolyte Ngimbi l'ait relu. L'objet de la dissertation n'étant ni d'ordre théologique ni d'ordre moral, il ne trouva pas d'objection à ce qu'un avis fût-il quelque peu tranché soit émis par un confrère dont la perspicacité attirait l'attention.

Mossengo n'avait certainement pas lu son papier. César était trop fatigué pour entamer une étude comparée des situations philippines et congolaises. Les Philippines étaient à près de quatre-vingt-dix pour cent catholiques, le Congo l'était à cinquante pour cent ; cette seule différence était en soi suffisante pour ne pas les mettre sur le même plan. Il ne fallait pourtant pas décourager l'enthousiasme de cet étudiant engagé. Il se contenta d'une réponse sibylline :

« Chaque chose en son temps. Notre Église réfléchit tous les jours aux meilleurs moyens pour lutter contre l'injustice et la violence. Le plus important demeure néanmoins que chacun d'entre nous, à son échelle, n'ait pas peur de mener cette lutte. C'est ce que nous allons faire à présent au sein de notre université. Je compte sur chacun d'entre vous. »

La dernière phrase flatta l'égo de Mossengo qui s'empressa de rétorquer :

« Oui Monsieur l'Abbé. Vous pouvez compter sur moi. Je passerai vous voir chez vous pour que nous discutions ensemble de manière concrète des stratégies à mettre en place.

— Comme tu le sais ma porte te reste ouverte. »

C'est alors que Julie, restée jusque-là silencieuse prit la parole :

« Mossengo la réunion est déjà terminée. Laisse-moi discuter avec l'abbé des problèmes spirituels !!! »

César ne releva pas. Mossengo ne fit pas non plus attention à la remarque de Julie, mais acheva son idée.

« Je vous proposerai un jour de rendez-vous le dimanche prochain après la messe.

— Tu es le bienvenu !

— A Très bientôt Monsieur l'Abbé. Au revoir Julie.

— Au revoir mon frère répondit César.

— Au revoir et bon dimanche à toi, renchérit Julie. »

Mossengo prit la direction opposée. César et Julie marchaient côte à côte et entamèrent le chemin en pente qui conduisait vers la résidence du prêtre. Le soleil était déjà assez haut.

« Le problème avec Mossengo est qu'il n'arrête jamais de parler, dit la jeune fille un brin agacée.

— Trouves-tu ?

— Oui même si au demeurant c'est tout de même un garçon charmant.

— Je le trouve assez intéressé par l'action que nous voulons mener.

— Oui en effet. »

Ils étaient arrivés sur la route nationale qui traversait la Lukaya sur tout son long. En ce dimanche la circulation n'était pas impressionnante.

« Je suppose que ce n'était pas pour parler de ce cher Mossengo que tu souhaitais me voir en aparté...

— Assurément pas ! J'avais un problème plutôt personnel, je dirais même intime.

— Est-ce urgent à ton avis ? Devrait-on en parler absolument aujourd'hui ?

— Je pense que oui, même si un report ne risquait pas d'entraîner mort de femme... »

Le prêtre ne put s'empêcher de sourire. L'entrain et l'humour de Julie la rendaient plutôt sympathique. Il s'empressa de s'engouffrer dans la brèche taillée par la jeune fille. Il était trop fatigué pour une séance d'accompagnement spirituel. Il lui proposa de la revoir au courant de la semaine, le mercredi après-midi, journée « chômée et payée » sur toute l'étendue du territoire national.

Julie accepta de mauvaise grâce et prit le chemin de la Maison jaune. Il lui restait deux jours pour peaufiner son discours. Deux jours.

5. ... Et communier au corps du Christ...

Pourvu que je puisse communier, qu'est-ce que me fait tout le reste ? S'incorporer le Christ, c'est s'incorporer au Christ, communier avec le Christ, c'est communier avec tous les chrétiens.

(Claudel, Correspondance avec Gide, 1899-1926, p. 196)

Elle avait passé une bonne partie de l'avant-midi à se poser la question de savoir comment elle devrait s'habiller. Quoique sa garde-robe ne fût pas extrêmement garnie, elle réfléchissait au choix d'une thématique. La problématique finissait par prendre des dimensions métaphysiques.

« Classique » ? « Sexy » ? « Neutre » ? Les différentes possibilités se télescopaient dans sa tête. Devait-elle annoncer la couleur avec son look ou plutôt réserver tout l'effet de surprise à son discours ? Elle finit par se dire que se présenter en tenue aguichante aurait pu avoir un effet délétère et brouiller son image. Elle risquait de se griller à jamais. Quelle que soit la tournure qu'allaient prendre les évènements, elle pensait se réserver la possibilité de relancer les choses plus tard. Julie n'osait imaginer le pire. Elle ne s'était jamais retrouvée dans pareille situation. Julie la rebelle allait se soumettre. Elle n'en revenait pas, mais le jeu en valait la chandelle. Elle avait finalement décidé d'aborder les choses de manière douce. Moins son interlocuteur serait choqué et pris au dépourvu, plus pensait-elle avoir la chance de s'en sortir, voire de revenir à la charge.

La chambre du prêtre se trouvait au bout d'un bâtiment de deux étages construits avec des briques cuites dans les années trente. Une pergola s'étendait tout le long et soutenait des grenadilles luxuriantes dont les fruits mûrs, telles des ampoules allumées, étaient clairsemés gaiement sous le faux toit fait des poutres et des tiges de l'arbuste. Malgré la chaleur ambiante, on ressentait une fraîcheur apaisante. On se laissait transporter par le doux parfum exhalé des feuilles de la grenadille. Au loin, de temps en temps, on entendait quelques cris d'oiseaux ponctuant la marche inexorable du temps. Elle était arrivée et avait ralenti l'allure de sa marche. Plus que quelques mètres la séparaient de la porte de la chambre de l'abbé César. Elle avait pensé et repensé à ce moment. À présent qu'elle approchait du but, elle redoutait la rencontre avec César. Mais il était trop tard pour reculer. Elle irait jusqu'au bout.

Elle frappa délicatement sur la porte en bois portant le numéro 14. Rien n'y indiquait le nom de l'occupant. Un court instant elle redouta s'être trompée. César lui ouvrit la porte, lui souhaita bienvenue et l'invita à entrer et à s'asseoir. Il lui offrit de l'eau gazeuse et des biscuits auxquels elle ne toucha que mollement.

Ils évoquèrent d'abord un fait divers qui défrayait la chronique à la cité. Un petit enfant avait été retrouvé vivant au bord de la route nationale au petit matin. Âgé de quelques jours, il avait été probablement abandonné dans la nuit. On l'a d'abord emmené à l'hôpital où les médecins n'ont pu que constater son parfait état de santé. Ensuite, les enquêteurs de la police sont entrés en jeu. La jeune mère qui avait vu l'enfant alors qu'elle se rendait à la boulangerie pour son commerce a dû répondre à un interrogatoire musclé. On l'accusait de connaître les parents de l'enfant. Sans preuve retenue contre elle, son mari a dû débourser cent cinquante dollars pour la faire relâcher. Il lui avait été signifié que sa libération n'était que « provisoire ». La Police se réservant le droit de l'appréhender à nouveau si de « nouveaux éléments éclairant l'affaire sous un jour nouveau s'ajoutaient au dossier ». Elle ne fut pas la seule à subir la sévérité de la Loi. Le même jour, les membres de cinq familles habitant trois parcelles proches du lieu où avait été trouvé le nourrisson furent également retenus dans les locaux de la police. Ils étaient situés juste en face de l'agence de la Banque Nationale, non loin des bureaux de l'administration du district de la Lukaya. Il leur était reproché de n'avoir pas entendu les pleurs de l'enfant, de ne pas lui avoir porté secours alors que « probablement l'enfant avait pleuré toute la nuit ». Leurs vives protestations n'avaient pas ému le Commandant Ata Tatama outre mesure. Il était demeuré intransigeant. Dans la contrée, il avait une réputation désastreuse. On racontait même qu'il s'inspirait de la Bible pour déterminer l'ampleur des amandes qu'il fixait. Il s'était converti peu de temps auparavant. C'était l'un des membres les plus en vue d'une église de réveil à succès appelé Ministère de la rosée du matin, MRM en sigle. Ata Tatama avait assisté, par hasard, deux ans plus tôt à une grande campagne d'évangélisation menée par l'évangéliste-fondateur du ministère, Jean-Israël Lokosso, plus connu sous le pseudonyme de L'Étoile de David. Le thème de la campagne était : « Vous les reconnaîtrez à leurs fruits. Matthieu 7,16. » Trois jours de suite, L'Étoile de David tint en haleine un demi-millier des fidèles disposés à écouter la parole divine de la bouche de son serviteur. Son acolyte et interprète, Frère Patrick Mukala joua son rôle à la perfection. Il était le porte-voix de son maître qui lui-même était la bouche par laquelle Dieu parlait à ceux de la Lukaya. L'Étoile de David prêchait en Français, Frère Patrick traduisait en Kikongo pour un public qui avait déjà compris ce qui était dit en Français.

« ... Vous vous dites chrétien. Oui vous criez sur tous les toits. Vous le répétez à longueur de journée. Oui vous êtes Chrétien. Tout le monde dans votre quartier sait que vous êtes chrétiens. Qui ne le sait pas ? Tout le monde le sait. Mais une question demeure qui le voit ? Qui en vous regardant voit en vous un chrétien ? C'est la seule question qu'il faut se poser. C'est la seule vraie question...

Vous n'avez pas à crier votre Chrétienté. Vous n'avez pas à dire et à répéter que vous êtes Chrétien ! Vous avez à le vivre et à le faire sentir.

Au fond être chrétien se sent dans tout ce que vous faites. Quand vous mangez, vous mangez en... Chrétien ! Quand vous vous habillez, vous vous habillez en... Chrétien ! Quand vous marchez, vous marchez... en Chrétien ! Quand vous travaillez, vous travaillez en... Chrétien !... »

Le prêcheur s'interrompait au milieu de la phrase et ses ouailles conquises criaient à tue-tête « Chrétien ».

« ... Vous devez mettre ces préceptes en pratique. Tout doit changer dans votre comportement qui doit à présent transpirer la Chrétienté ! Autour de vous on doit le sentir ! À vous d'être réellement des chrétiens !... »

Cette prédication avait marqué Ata Tatama au plus haut point. Il décida de transformer radicalement l'exercice de son travail. Il se mit à lire la Bible goulûment. Pour lui à présent, c'était à la Loi divine de servir de soubassement à son activité. Le décalogue était devenu son code pénal, les sanctions se trouvaient dans le livre de Lévitique. À force de le lire, il l'avait presque retenu par cœur.

À un père de famille, planton d'une école, accusé d'avoir volé une rame de papier il avait lu ces passages :

« Il est écrit dans Lévitique :... Si un chef a péché, s'il s'est rendu coupable en faisant par erreur une de ces choses que Yhavé son Dieu a défendu de faire, il amènera pour son offrande un bouc mâle sans défaut, dès qu'il se sera rendu compte du péché qu'il a commis... » Cette citation annonçait l'amende à laquelle le pauvre prévenu devait s'attendre. Il renchérissait en citant un autre passage qui disait que si c'est le prêtre qui a péché le peuple aussi est affecté par sa faute. Il offrira un jeune taureau ! Or le planton était chef de famille et donc, d'une certaine façon prêtre dans sa famille. Par son péché sa famille était également touchée ce qui entraînait une double amende : bouc et taureau ! La messe était dite.

« Ce n'est pas moi qui te punis, c'est la parole de Dieu, elle est claire à ce propos ! Tu resteras au cachot tant que tu ne te seras pas acquitté de ta dette envers Dieu ! »

C'est le genre de condamnations qui provoquaient l'émoi dans la ville. Il était tellement puissant que les coupables s'exécutaient. Il travaillait en Chrétien aimait-il répéter. L'Étoile de David était certainement loin d'imaginer l'impact profond que son passage dans la Lukaya avait eu sur le Commandant Ata Tatama.

Julie et le prêtre riaient de bon cœur des « tatamades » tout en ayant pour ses victimes une immense compassion. La déliquescence de l'État avait fait naître des situations tellement cocasses.

Julie respira profondément puis demanda à César si elle pouvait prendre une deuxième bouteille de boisson gazeuse. Sa bouche s'asséchait.

« Je ne t'ai pas encore dit en fin de compte pourquoi j'étais venue te voir. Je voulais t'entretenir d'un problème qui me tient à cœur.

— Je t'écoute. Si je peux faire quelque chose pour toi, ce serait avec plaisir.

— J'y compte bien en tout cas. Au fond je pense que tu serais le seul à pouvoir m'aider. »

Julie avait pris un petit temps d'arrêt. César se demanda quelques instants de quoi il s'agirait. Il finit par se dire qu'il valait mieux attendre. Plongé dans ses réflexions, il n'entendit pas les premiers mots prononcés par la jeune fille.

« J'ai été baptisée à environ une année. Depuis je n'ai vraiment pas eu de pratique religieuse. C'est en te voyant ici que par curiosité je suis allée assister à une messe que tu célébrais et depuis je n'ai plus arrêté. J'y suis tous les dimanches comme tu aurais peut-être remarqué. Et je dois avouer que je ressens depuis une certaine félicité intérieure.

— Tu sais je ne peux qu'être heureux que ma modeste présence ait pu ramener une brebis égarée du troupeau de Jésus-Christ. Mais je pense que tu es assez bien placée pour savoir ce qui se passe en toi. Ce n'est donc certainement pas pour te l'expliquer que tu es venue me voir...

— Je vais y arriver, mais je t'en prie ne m'interromps pas, c'est déjà très difficile pour moi.

À vos ordres, je me tais ! »

Julie ne put s'empêcher de rire de bon cœur, ce qui détendit quelque peu l'atmosphère. Ce répit lui permit de rassembler ses phrases dans la tête avant pour poursuivre.

« Je t'ai dit tout à l'heure que je ressentais une certaine félicité intérieure. En analysant ma situation, je me suis rendu compte que ce n'est pas seulement le fait d'être plus ou moins en intimité avec Dieu... Il y a aussi quelque chose de plus prosaïque. Je n'ai jamais rien ressenti pour un homme en particulier. Pourtant je sais que j'ai besoin d'amour. J'ai vraiment besoin d'amour. Quand je t'ai vu la première fois, j'ai ressenti quelque chose de singulier et de fort. Depuis j'assiste à tes messes. Ce que j'ai ressenti grandit en moi chaque jour qui passe. Mon cœur ne suffit plus pour contenir cet amour qui déborde. Je n'en peux plus. Je... je... je t'aime. »

Ces derniers mots avaient été prononcés dans un soupir qui eut pour effet de les rendre sensuels à l'oreille. Julie s'en rendit compte juste après. Elle s'en voulut de ne pas avoir su maîtriser son émotion jusqu'au bout.

« Excuse-moi je ne voulais pas te gêner. Je voulais juste te dire ce qui se passe en moi, simplement. »

César se tassa sur sa chaise, interdit. Il ne s'attendait pas à cette confession quelque peu particulière. Les mots de Julie étaient empreints de sincérité. C'étaient ceux d'une jeune fille amoureuse qui en attendait autant de son vis-à-vis. Pouvait-il lui répondre aussi sincèrement à l'instant au risque de lui faire mal ? Devait-il gagner du temps au risque de jouer dans un registre diplomatique, mais malhonnête ?

César savait que pour lui, par principe, l'option d'une relation soutenue ne faisait pas partie du champ du possible. Mais face à tant de fraîcheur et de candeur, il n'avait pas non plus envie de blesser la jeune fille. Mais que lui dire dans ce contexte qui ne la heurterait pas sans travestir sa propre vérité ? Entre les deux jeunes gens, le silence se fit lourd. Elle respirait lourdement, soulevant sa poitrine à un rythme régulier. Le prêtre redoutait le moment où il allait prendre la parole. Ses mots, quels qu'ils soient se retourneraient certainement contre lui. Le salut n'était pas non plus dans le silence. Sa parole était attendue, lourde de sens et de conséquences pour une jeune âme probablement à la sensibilité à fleur de peau. Plus le temps passait, plus ce silence devenait lourd, intenable pour les deux.

« Je ne sais pas quoi te dire ».

C'est tout ce qui put sortir de sa bouche signant son incapacité, à la limite du ridicule. L'ouvrir, parler pour dire que l'on ne sait pas quoi dire était plus que comique. Mais l'abbé n'en était plus à une contradiction près.

Julie savait ce qu'elle voulait. Elle le dit simplement.

« Dis-moi que tu peux m'aimer, que tu vas m'aimer ! »

Il prit encore quelques minutes avant de parler. Il lui fallait trouver des propos cohérents.

« Si je peux t'aimer, c'est certain. C'est même dans une grande mesure ma raison d'être et le sens de mon choix de vie. Mais pour moi, aimer ne se conjugue plus au singulier. J'ai choisi de transcender toute forme particulière d'amour pour un amour plus grand et sans exclusive. Je veux aimer tout le monde, tout le peuple de Dieu. Pour aimer tout le monde, je ne peux t'aimer pour toi ni pour moi.

— César, je ne te demande pas de renoncer à ton amour universel si tant est que cela soit possible pour un homme. Je te demande de m'aimer en plus simplement parce que je t'aime et que tu ne peux pas me le refuser. Je t'aime parce que je te trouve différent. Je suis amoureuse. Toi qui parles d'amour tout le temps tu devrais le comprendre n'est-ce pas ? ajouta-t-elle non sans une pointe de malice dans le regard.

— Tu sais Julie, je prends l'amour trop au sérieux pour te l'offrir au rabais d'autant plus que dans la situation qui est la mienne se posera assez vite la question de la disponibilité. J'ai promis à Dieu de le servir dans la chasteté. Je ne peux me dérober surtout au moment où je sens que je peux maîtriser mes pulsions. Tu peux donc comprendre que j'essaie de m'élever au-dessus d'une conception prosaïque de l'amour. Les liens entre un homme et sa femme, ses frères et sœurs, ses enfants ou ses parents sont certes louables et respectables, mais demeurent de l'ordre du naturel, ils vont de soi. Par contre il est difficile d'aimer quelqu'un qu'on ne connaît pas, et dont on n'est même pas sûr qu'il rende cet amour d'une façon ou d'une autre. C'est cet amour que j'ai envie d'éprouver et d'expérimenter. Il y a tant de choses à faire dans ce monde injuste pour le rendre plus vivable. Il faut des gens qui acceptent de s'oublier pour la cause commune. Mon statut de prêtre me permet d'avoir ce type d'ambitions. C'est aussi une responsabilité pour moi. Je le dois à cette humanité.

— Tu sais César il y a peu tu ne me connaissais pas. Tu peux m'aimer de cet amour que tu veux donner à l'humanité anonyme. Mais moi je serai là, à tes côtés. Tu ne peux rien attendre de moi. Je ne te promets rien non plus. Je t'aime simplement.

— Moi aussi je t'aime, mais pas comme tu voudrais. Je ne peux t'aimer en dehors du reste du monde. Il faut que tu me comprennes aussi.

— Je t'aime. »

Les larmes coulaient des joues de Julie. Elles venaient de ce cœur éprouvé qui protestait de sa bonne foi. César refusait de prendre sa place dans ce cœur. Et si toutes les raisons invoquées n'étaient que des prétextes pour justifier une incapacité innée à s'attacher ? Et si en réalité César était en fait incapable d'amour ? Et si derrière cet altruisme affiché se cachait un cœur aride ? Dans la tête de Julie, toutes les hypothèses se mélangeaient et se concluaient par la conviction que César était l'amour de sa vie. Quels que soient ses défauts, elle l'aimait. Elle l'aimerait toujours.

« J'ai lu dans le journal qu'entre les prêtres et les jeunes à Binza la tension serait à son comble.

— Oui je l'ai appris.

— Les quolibets fuseraient au passage d'un véhicule de missionnaire.

— Je sais César. Ils les appellent *facilités*. Dans cette province, quelques-uns de vos confrères se sont méconduits avec de jeunes filles. Les jeunes se vengent simplement. Mais j'avoue que je ne vois pas bien le rapport entre l'insulte proférée et les actes qu'on leur reproche. Est-ce vraiment une insulte ?

— Oui c'est une insulte qui me touche au plus profond de moi. Il traduit une image de cynisme qui ne correspond pas du tout à l'idée que je me fais d'un prêtre. Dans la tête de ces jeunes, nous serions à l'abri des contingences matérielles. Les années d'étude au séminaire sont d'avance payées. Gîtes et couverts sont d'office assurés, il ne nous resterait plus qu'à dire la messe, ce qui est loin d'être un travail très dur... Nos presbytères sont remplis des signes de richesse, nous fréquentons les puissants, nous sommes loin de partager le quotidien du peuple de Dieu. Et voilà que nous leur arrachons leurs copines... Aujourd'hui le fossé s'est creusé entre le peuple de Dieu et ceux qui sont chargés de le guider. L'opulence des prêtres dans notre contexte est une insulte à l'endroit des paroissiens qui peinent à trouver de quoi manger pour leurs enfants. On pourrait croire que le clergé est insensible à la souffrance du peuple. Les affaires de pédophilie ont définitivement entamé notre image. La part de manipulation médiatique est occultée au profit du sensationnel. Des mesures ont été prises pour corriger les égarements des prêtres pédophiles, mais chaque semaine la presse sort une affaire de vieille de quarante ans et la présente comme actuelle. Même si dans une certaine mesure c'est la preuve par l'absurde que les précautions prises ont porté leurs fruits, le mal est fait. Si rien n'avait été fait comme on le laisse accroire, la presse n'aurait pas boudé son plaisir à présenter une Église catholique dépravée.

— Excuse-moi, mais je ne vois pas bien le rapport avec moi. Je ne suis la copine de personne. Tu ne m'arracherais pas à qui que ce soit ! En plus je suis bien consciente de ton statut de prêtre et vais me conduire en conséquence. Et enfin je ne suis pas une enfant. Je suis une personne adulte qui sait largement ce qui est bien pour elle.

— Je sais. C'est juste que tout ceci me touche profondément d'autant plus que l'on n'a pas l'occasion d'expliquer à tous les enjeux de ces campagnes de presse. Mais je voudrais que tu comprennes mon état d'esprit. Je voudrais être en adéquation avec mes convictions profondes. Je ne veux pas être une occasion de chute pour ceux qui me regardent et croient encore en l'Église. Je ne veux pas non plus te faire mal.

— César, j'avoue que j'ai du mal à suivre les méandres de ta pensée. Tu veux être un bon prêtre, je vais t'aider à l'être. Je ne te demande rien d'autre que ton amour et je m'accommoderai des contraintes inhérentes à la situation. Je suis assez mûre pour mesurer les conséquences de mes actes. Avec moi tu ne perdras rien de ta crédibilité, tu gagneras le bonheur parce que je t'aime. Je te le dis parce que c'est vrai. Ne me déçois pas, je t'en prie.

— Crois-moi Julie j'aimerais bien, mais je ne peux pas. Julie et César sonnent bien. Nous avons tout pour faire de grandes choses ensemble. Je ne peux malheureusement pas. Essaie de sublimer cet amour que tu me portes. Nous pouvons bien nous entendre sans avoir de rapports particuliers. Je t'aime, mais ne peux t'appartenir. C'est tout ce que je peux te dire. »

Julie était abattue. Elle venait d'être rejetée par l'homme qu'elle aimait de tout son cœur, cet homme pour qui elle était prête à prendre tous les risques. César ne l'avait pas comprise malgré tout ce qu'elle lui avait dit.

« Julie, je t'en prie, ne commets pas cette tête. Essaie de sourire. J'aime bien ton sourire. Il est si beau.

— Arrête César ! Tu me blesses et ensuite tu me demandes de sourire ! C'est un peu sadique ne trouves — tu pas ? Je sais ce qui me reste à faire. Je m'en vais. »

Elle se leva d'un bond et sortit en claquant la porte. César resta interdit sur sa chaise. Il ne pouvait décemment pas courir derrière elle. Il la laissa s'en aller espérant que le temps allait guérir cette blessure dont il était à son corps défendant l'auteur.

6. ... OU PLEURER LES LARMES DE SON CORPS...

... sa fureur tombant soudain, comme une corde trop tendue qui casse, elle se sentit prête à pleurer. Elle fit des efforts terribles, se raidit, avala ses sanglots comme les enfants ; mais les pleurs montaient, luisaient au bord de ses paupières, et bientôt deux grosses larmes, se détachant des yeux, roulèrent lentement sur ses joues.

(Maupassant, Contes et nouvelles, t. 2, Boule de suif, 1880, p. 152.)

Seule dans sa chambre, couchée sur le ventre, les yeux dans l'oreiller mouillé de ses larmes qui continuaient à couler, Julie écoutait en boucle Frédéric François chanter sans vraiment l'entendre.

Non je n'ai jamais aimé

Avec tant d'amour dans mon cœur

Tu m'as donné le bonheur

Contre un peu de liberté

C'était l'une de ses chansons favorites. Elle l'aimait pour sa simplicité et sa naïveté. C'était des paroles d'amour sans prétention ni grandiloquence. Des paroles d'amour non surfaites et sincères.

Celles qu'elle aurait voulu entendre, celles qu'elle venait de prononcer. Celles qui n'avaient pas touché César.

Avec toi ce n'est plus pareil

Je ne quitte plus la maison

Il y a toujours le soleil

Et ton sourire à l'horizon

Si Julie ne quittait plus la maison, son horizon était resté obscur, sans soleil. Elle se morfondait, s'apitoyait sur son sort d'amoureuse rejetée.

Chaque nuit je viens vers toi

Oublier les mauvais jours

Car c'est un vrai nid d'amour

Que tu as construit pour moi

Pas de nid, pas d'amour, pour Julie les jours se succèderaient les uns aussi mauvais que les autres. Son « nid » à elle n'était habité que par elle-même.

Elle se leva de son lit, se dirigea vers son grand miroir placé à côté de la porte, considéra son reflet puis revint sur ses pas et se laissa choir sur son lit.

« Pourquoi n'y a-t-il personne pour me dire ça à moi ? hurla-t-elle. Pourquoi n'y a-t-il personne qui puisse s'intéresser à moi ? Pour une fois que j'arrive à aimer un homme, il faut que ce soit un prêtre qui me raconte un charabia sur l'amour ! Des plus laides, des moins gracieuses, des moins riches que moi ont trouvé de beaux partis. Je vois des mecs courir derrière de petites filles sur le campus. Seraient-elles plus jolies que moi ? Pourquoi ne puis-je pas être heureuse ? Je veux un homme qui puisse m'aimer, qui me fasse sentir mon corps. Je le veux ce prêtre ! Je le veux ! Je l'aime ! Je t'aime César ! Oh, mon Dieu, j'en deviens folle ! C'est à en mourir ! On ne m'a jamais aimée ! Je voudrais être aimée ! Oh Mon Dieu ! Après m'avoir éprouvée toute ma vie, tu aurais pu me donner la chance de me sentir heureuse pour une fois. Je veux vivre ! Je veux sentir mon corps vivre ! Je veux sentir mon corps tout contre toi César. Je t'aime. Je t'aime César ! Je t'aurai ! »

Fatiguée, elle s'endormit habillée, mais son sommeil ne fut pas de tout repos. Doux rêves et cauchemars s'entrechoquaient dans sa tête. César s'approchait les bras ouverts. Elle l'attendait souriante, heureuse. Il allait la prendre par la taille lorsqu'une bourrasque se leva et l'emporta au loin comme un fétu de paille. Elle regardait son amour s'éloigner interdite, incapable de bouger. Elle cria, mais le son de sa voix fut dilué par le bruit du vent. Elle se réveilla pour la troisième fois en sursaut, le cœur battant, la peau moite. Cette nuit allait être triste et longue pour la jeune fille.

7. ... En esperant une rencontre memorable...

*Denise devint toute pâle quand ma mère me
demanda si je n'avais pas fait rencontre d'une fille
qui me plût et si je n'étais fiancé avec aucune.*

(Lamartine, Tailleur pierre, 1851, p. 537)

Le message sur l'écran de son téléphone
cellulaire l'intriguait. Il venait de l'appariteur. César
était l'un des rares à être resté fidèle à ce modèle
Motorola que les jeunes avaient surnommé
Blandine. Apparu lors du boum du marché de la
téléphonie cellulaire, il avait peu à peu cédé la place
à des téléphones plus beaux et plus sophistiqués.
César avait préféré garder son vieux portable : il
avait l'avantage de ne pas attirer les voleurs...

*Retrouvons nous ce soir à 17 h 30 devant la
tombe du Père Maxence Granier.*

Que l'appariteur veuille le voir était à priori
concevable. Mais qu'il lui fixât rendez-vous au fond
du cimetière des missions, en un endroit isolé, lui
paraissait bizarre. Il connaissait cette tombe.
Maxence Granier était le fondateur de la mission de
la Lukaya. Autodidacte efficace, il est demeuré
célèbre pour avoir supervisé la construction de la
cathédrale alors que ses connaissances

architecturales étaient fragmentaires. La bâtisse tenait encore debout quatre-vingt-dix ans plus tard. Ce n'est sans doute pas par hasard qu'il l'avait choisi. On raconte dans la région que plusieurs personnes avaient trouvé solution à leurs tourments en y allant prier. Un cas de guérison miraculeuse de cancer a même été rapporté. Le Diocèse n'a jamais pris position à ce propos. Aucun miracle n'avait encore été authentifié. Pourtant l'engouement des chrétiens se prolongeait, suscitant un malaise manifeste au sein du clergé. Aucune ligne pastorale claire n'avait été définie. Au sein des paroisses, les curés laissaient faire les pèlerinages organisés par les plus zélés des laïcs...

Arrivé devant la tombe, l'abbé se rendit compte que le lieu n'avait pas été choisi au hasard. Elle était orientée est-ouest, la tête du côté du couchant. Un flamboyant nain poussait derrière la stèle, la recouvrant en partie de sorte qu'une personne se trouvant derrière n'était pas visible à distance. C'est là que l'appariteur, debout et immobile, les mains dans les poches, tel un visiteur quelconque l'attendait.

« Bonjour Monsieur l'Abbé ! » lança-t-il jovial, manifestement heureux que le prêtre soit venu au rendez-vous.

« Comment allez-vous ?

— Bien merci. J'ai cru que vous ne viendriez pas.

— J'avoue avoir été très intrigué par le lieu de rendez-vous, mais comme je n'ai pas de raison particulière de me méfier de vous, je suis venu.

— On ne va pas rester longtemps ensemble lança l'appariteur. Je quitterai ce cimetière quinze minutes après vous. Je vais m'éloigner à présent et tranquillement vous ramasserez l'enveloppe déposée au pied de la stèle. Elle contient une clé USB. Quand vous aurez pris connaissance des documents enregistrés, vous pourrez en disposer à votre guise. Je ne veux même pas savoir ce que vous envisagerez. Ne venez surtout pas m'en parler d'une quelconque façon que ce soit. Je regarde et j'entends des choses à propos de vous et de votre groupe d'activistes. Je pense que je peux vous faire confiance. Mais rappelez-vous bien ceci : cette rencontre n'a jamais eu lieu, je ne vous ai jamais vu. Je ne vous ai rien remis. Si nécessaire, je me ferai un plaisir de vous humilier au cours d'une éventuelle confrontation. Bonne chance !

— Euh... »

À peine César commença-t-il à parler que l'appariteur tourna les talons, se dirigeant du côté opposé, le laissant seul, interdit. Il s'arrêta quelques instants devant la sépulture de la première religieuse indigène de la contrée, Sœur Marie de Jésus Mukulu Baka, décédée 10 ans plutôt à 70 ans passés, puis s'en alla vers la gauche sur la Grande Allée. Pas une seule fois il ne se retourna.

L'abbé César prit l'enveloppe, la plia en deux et la glissa dans la poche arrière de son jean Lévis Strauss bleu ciel. D'un pas tranquille, César quitta le cimetière et regagna sa chambre.

Un léger frisson lui parcourait l'échine. Il déposa l'enveloppe sur sa table de travail. Il fut tenté d'allumer à l'instant son ordinateur pour prendre connaissance du contenu, mais se ravisa. Il se laverait et mangerait d'abord avant de s'occuper des affaires de la cité.

Durant le repas, il ne fut pas très bavard. Taquin, l'abbé Mayoni se moqua gentiment de lui :

« Alors César, n'aurais-tu pas échoué à un contrôle par hasard ? On ne t'entend pas du tout ce soir...

— Tout va bien Monsieur l'Abbé répondit-il avec un sourire convenu. »

Il resta une quinzaine de minutes au réfectoire devant la télé pour suivre les actualités puis prit congé et retourna dans sa chambre. Il allait enfin regarder le contenu de cette mystérieuse clé que lui avait remise l'appariteur au milieu des âmes endormies...

8. ... Pour changer le monde...

Nous déclarons notre droit sur cette terre, à être des êtres humains, à être respectés en tant qu'êtres humains, à accéder aux droits des êtres humains dans cette société, sur cette terre, en ce jour, et nous comptons le mettre en œuvre par tous les moyens nécessaires.

(Malcolm X)

À quatre heures du matin, César était encore devant l'écran de son ordinateur. Ce qu'il découvrit dépassait tout entendement. Des centaines de preuves attestant du clientélisme, de la corruption, de fausses factures, des photos compromettantes, tout y passait. Tout pour prouver au meilleur des avocats du Diable que le recteur était un voyou. Le mot semblait faible au vu du contenu accablant des documents.

L'ensemble des fonds décaissés sans autre justification que la mention « A la demande du Recteur » s'élevait à plus de cent cinquante mille dollars américains sur six mois. Le « Boss » comme on l'appelait sur le campus se permettait toutes les largesses. Apparemment pour lui, les caisses de l'université dont il avait la charge contenaient son argent de poche.

Était également répertorié l'argent décaissé pour des projets budgétisés qui n'ont pas connu le moindre début de réalisation. Ici quinze mille dollars prévus pour l'achat d'ordinateurs fixes qui n'ont jamais été livrés. Là-bas dix-sept mille dollars pour l'installation d'un circuit vidéo dans la salle des promotions. Ailleurs vingt-deux mille dollars pour le changement du mobilier d'un auditoire et ainsi de suite... La liste semblait sans fin.

Il y avait aussi l'ensemble des décisions autocratiques en sa propre faveur prises par le Recteur pour augmenter sa prime de fonction... De trois mille dollars mensuels, elle est passée à cinq mille cinq cents en trois mois, et la courbe ne semble pas prête à atteindre son point d'inflexion. Pendant ce temps, les primes des autres corps de métier sont revues à la baisse.

Les faits contenus dans cette clé ne pouvaient avoir eu lieu que dans un contexte de clientélisme et d'impunité. Le Recteur reversait probablement à des gens plus haut placés des prébendes pour se maintenir à son poste. Sur la chaîne de corruption, beaucoup trouvaient leur compte alors que l'avenir de la jeunesse était compromis. À moyen ou long terme, c'est l'outil de travail qu'il détériorait. Lutter contre ce recteur, c'était aussi lutter contre la corruption généralisée. Le Recteur serait la première pièce du domino à faire tomber. Les autres seront entraînés. Voilà qui allait faire l'objet de la prochaine réunion de son groupe. Ils allaient agir pour convaincre. Épuisé, mais heureux, son argumentaire prêt dans sa tête, César s'endormit enfin, tout habillé, au petit matin. Les jours qui allaient suivre allaient sortir de l'ordinaire pour le

Recteur, pour des milliers d'étudiants, pour Julie et pour César...

Le prêtre se réveilla en sursaut, moins d'une heure plus tard. Il venait de rêver de l'appariteur. Un rêve bizarre, très bizarre. Il y pensait encore sous la douche.

L'appariteur était venu le voir. Il regrettait de ne pouvoir lui venir en aide plus efficacement. Il l'admirait.

« ... J'aurais aimé vous apporter les grilles de délibération. On peut y voir que dans les mêmes conditions certains étudiants proches du Recteur sont admis alors que les autres sont délaissés à leur triste sort. Le profil de ceux qui sont favorisés saute aux yeux. Dans quatre-vingt-dix pour cent des cas, il s'agit des filles... J'ai le sentiment de faire quelque chose pour la communauté en vous communicant ces informations. Je veux faire partir ce Recteur, ce voleur, cet impudique, cet indécent. Avant de vous rencontrer, je pensais la tâche impossible. À présent je sais que si on le veut, on le peut. Même si j'ai peur que tout ceci ne se termine mal. Mais même si on n'arrive pas à le chasser, on aura eu le mérite d'avoir essayé.

— Soyez tranquille Monsieur l'Appariteur, nous réussirons.

— Puis-je vous poser une question plutôt personnelle ?

— Faites donc Monsieur l'Appariteur.

— Pensez-vous en faisant cela être dans votre rôle de prêtre ? Qu'est-ce qui vous guide ? Où avez-vous été formé ?

— Je constate que vous avez posé plusieurs questions, Monsieur l'Appariteur...

— L'occasion a fait le larron, Monsieur l'Abbé...

— Je vais vous répondre Monsieur l'Appariteur.

— Je suis tout ouïe, Monsieur l'Abbé.

— Pour faire court, j'ai été ordonné il y a quelques mois et comme tous les prêtres j'ai été au séminaire. Mais en fin de compte je ne vois vraiment pas le rapport avec ce que nous voulons mener comme combat pour plus de justice sur notre campus.

— Vous détonnez par rapport à l'image que je me fais de jeunes prêtres actuels. Ils me semblent plus attachés à l'opulence, à l'argent et, il faut quand même le dire, aux femmes ! Si vous permettez, permettez-moi de vous dire que vous semblez jouer dans le registre de la sainteté.

— Euh... je ne vois pas quoi vous dire. Je prends vos déclarations pour des compliments et ils me vont droit au cœur. Pour autant, je ne vais pas juger mes confrères d'autant plus que je ne me considère pas du tout comme un modèle. Sur la durée, un engagement aussi symbolique que la prêtrise comporte forcément de moments de faiblesse. Ce sont probablement ces moments qui vous donnent une impression de relâchement qui ne saurait être généralisé. Je suis un homme qui essaie comme tant d'autres dans le monde d'assumer ses convictions. J'essaie de faire de mon mieux, je veux apporter du bonheur autour de moi. C'est un peu utopique, mais je suis convaincu que le bonheur se construit autour de nous petit à petit, brique après brique, pierre après pierre... »

Il s'était réveillé au moment où dans son rêve il raccompagnait Monsieur l'Appariteur.

Quelle signification donner à ce songe ?

Il se posa la question un long moment. Il projetait sur l'appariteur ses propres doutes et ses obsessions. Il n'y avait pas de raisons objectives pour que ce dernier l'admirât. Personne ne lui avait jamais parlé de Sa Sainteté. Il en rêvait pourtant. Il en rêvait tellement qu'il a mis le compliment dans la bouche du plus anticlérical de ses relations... Il y avait aussi sa peur maladive de l'échec, la peur de l'inconnu, la peur du lendemain, la peur des conséquences de ses actes, la peur de la révolution. Le changement qu'il souhaitait autour de lui l'effrayait. Il ne se l'avouait pas. Il ne voulait pas l'avouer. Pour convaincre les autres, il devait y croire très fort. La victoire ne pouvait leur échapper. Le méchant c'était le recteur. Satan c'était lui. Ils étaient des anges, du côté du bien. La victoire était leur.

* * *

Le soir du 17 mars, peu après 19 h se retrouvèrent secrètement une trentaine d'étudiants membres du noyau dur de l'association. La réunion avait lieu en dehors du campus pour maintenir son caractère confidentiel.

César était arrivé le premier pour accueillir les participants.

« Bonsoir Monsieur l'Abbé.

— Bonjour mon cher. Comment ça va ?

— Assez bien merci.

— Prends place on va bientôt commencer. »

Le rituel se répéta ainsi une bonne dizaine de minutes jusqu'à ce qu'arrivât Julie.

« Bonjour César ! »

Le prêtre fut pris au dépourvu alors que se dressaient les oreilles dans l'assistance. Il bredouilla plus qu'il ne parla une réponse convenue.

« Bonjour Julie. J'espère que tu vas bien.

— Oui César je fais de mon mieux ! »

Delphine la commère à qui rien n'échappait se tourna vers Mossengo.

« As-tu entendu la même chose que moi ?

— Je ne comprends pas !

— Oh ! toi tu ne comprends jamais rien sauf quand on parle de Mobutu ! »

Anatole assis à côté de Mossengo se mêla à la conversation.

« Je ne serais pas étonné qu'il y ait anguille sous roche...

— C'est sûr mon cher. J'ai rarement vu un bouc insensible au charme de la verdure... »

Anatole ne put se retenir et éclata de rire. Le manège n'échappa pas à César qui se précipita à commencer la rencontre.

« Je vois que tout le monde est là. On peut commencer notre rencontre.

Au nom du Père et du Fils et du Saint-Esprit.

Éternel notre Dieu. Nous voici rassemblés pour mener à bien cette œuvre de réhabilitation de la dignité de ton peuple spolié par certains de nos frères égarés. Cette lutte nous la mènerons selon les préceptes de la non-violence évangélique telle que notre mère l'Église nous l'enseigne. Donne-nous la force Seigneur de résister à l'abattement et au dénigrement, le courage de poursuivre ce combat à l'image du Christ notre sauveur amen. »

Il termina sa prière par un signe de la croix auquel l'assemblée répondit par un « Amen » sonore.

César entama la réunion.

« Encore une fois bonjour à tous. Ce jour est très particulier. Vous l'aurez, comme moi, remarqué que la colère gronde sur le campus. Les gens en ont marre. Il manque juste la petite étincelle qui mobiliserait les étudiants pour réclamer le départ du Recteur et de son équipe. Cette étincelle je l'ai obtenue ! Je ne vous dirai pas comment, mais j'ai les preuves, les chiffres, les lettres, les documents qui prouvent tout ce que nous imaginions voire pire. Notre université est gérée d'une manière cavalière... Nous avons trois jours pour en informer la communauté et pousser les étudiants à se joindre à nous pour la manifestation du vingt mars. Il faudra parler personnellement aux gens, leur montrer ces preuves, leur dire sans arrêt qu'ils ont le pouvoir d'arrêter cela. Il faut insister sur les malversations et les délibérations injustes. Avec ces éléments personne ne le soutiendra. Les autorités seront obligées de le sacrifier. Seule une action d'ensemble peut arrêter cette dérive. Cette action nous en sommes la clé et le moteur. Nous avons les outils et les moyens pour la mettre en branle. Nous avons la possibilité de changer les choses. Nous allons changer les choses avec toute la communauté estudiantine. Nous serons l'avant-garde, la locomotive. Mais il nous faut des wagons. C'est à nous d'aller les chercher.

J'ai imprimé un document reprenant une partie des informations dont nous disposons. Nous allons nous y appuyer pour inviter le plus de monde possible à se joindre à nous. Je vous laisse le temps d'en prendre connaissance et j'apporterai l'un ou l'autre éclaircissement si nécessaire. Nous devons faire vite et bien de sorte que le rectorat n'ait pas le temps de réagir. »

Au fur et à mesure que les participants à la réunion parcouraient les pages du tract s'élevait un murmure de désapprobation.

« Ce n'est pas possible ! » criait l'un juste avant que l'autre n'exprime son incrédulité : « Ce n'est pas vrai ! » Puis sortant de sa torpeur habituelle un troisième n'en croyait pas ses yeux « Je suis en train de rêver. » C'était suffisant pour se décider à passer à l'action : « Trop c'est trop. Il faut arrêter ça. »

André osa poser la question qui taraudait tous les esprits :

« Comment avez-vous pu entrer en possession de pareilles pièces ?

— Je ne peux pas te le dire. Ceux qui m'ont transmis le document ont pris trop de risques. En plus je ne serai pas en capacité d'apporter la moindre preuve à ce que j'avancerais.

— Mon âme est envahie par le doute. Nous avons aujourd'hui les preuves pour corroborer nos accusations. Notre mouvement est suffisamment implanté et organisé pour déboulonner le Tout Puissant Recteur Sa Majesté Gaston Mussaka Professeur ordinaire. Plus on s'approche de l'apothéose, plus j'ai peur. Le cœur de l'homme est hostile au changement. La peur du lendemain inconnu paralysera notre action. Aurons-nous assez de cœur pour réussir ?

— Tais-toi André rétorqua Julie d'un ton déterminé. Après tout ce que nous avons fait, nous n'avons pas le droit de les décevoir. Ce n'est pas le moment de flancher. Mussaka tombera. Ses jours sont comptés. Pour une fois, ce seront les étudiants qui prendront en main leur sort ! »

Elle s'était levée à la fin de son discours, exaltée. Elle poursuivit :

« Nous allons arrêter de cogiter et passer à l'action. Nous allons sortir d'ici. Nous allons chercher les gens autour de nous activement. Nous allons leur dire ceci : *si vous voulez que ceci cesse, rejoignez-nous le 20 mars dès dix heures à la grande marche de protestation. Le silence est toujours complice. Mussaka dégage !*

— Si je peux me permettre une autre question demanda timidement André. Pourquoi faut-il marcher le 20 mars ? Ne pourrions-nous pas prendre plus de temps, un ou deux jours de plus pour mieux préparer notre action ?

— Non, rétorqua Julie. Il est important de capitaliser l'effet de surprise. En plus ce 20 mars Mussaka donne une réception pour fêter ses cinquante ans d'âge. Il a réquisitionné toute l'administration à cet effet. Non seulement que l'information relative à nos préparatifs traînera à remonter, mais en plus, cerise sur le gâteau, nous lui gâcherons sa fête. J'avoue que cette dernière perspective m'excite particulièrement... »

Elle termina ses propos en regardant malicieusement César dans les yeux. Une bonne partie des personnes présentes marqua son approbation avec des « Oui » et des « Yes » et des applaudissements nourris. César reprit la conduite des débats.

« Y a-t-il un avis qui n'aurait pas encore été exprimé ? » dit-il à l'intention de l'assemblée.

« Tout semble avoir été dit déclara André.

— J'adhère totalement à la proposition de Julie ajouta à son tour Manassé.

— Dans ce cas je propose à l'assemblée de manifester son accord en levant la main, trancha le prêtre. »

Les modalités de la manifestation furent adoptées à l'unanimité. Ils sortirent de la salle l'esprit enfiévré. Ils avaient en main la solution définitive au mal dont ils souffraient. Ils allaient s'en servir.

9. ... PAR LA NON-VIOLENCE...

Le heurt de deux tempéraments l'intéressait toujours. Ces distinctions d'école entre le spirituel et le matériel, entre la violence et la non-violence prises en soi, lui paraissaient absurdes et vaines : le type du faux problème, de la question mal posée.

(Roger Martin du Gard, Les Thibault. L'été 1914, 1936, p.77)

Dans les différentes résidences des étudiants, la nuit fut longue et agitée. Les documents diffusés par l'association eurent l'effet d'une bombe. On en discuta longtemps. Le vent de révolte se leva plus vite qu'espérer si bien que le lendemain, les amis de l'abbé eurent du mal à convaincre les esprits échauffés à suivre les cours. Ils voulaient une action immédiate. Ils voulaient tout tout de suite. L'effet de surprise aurait été contrebalancé par le manque d'organisation.

« Si nous manifestons aujourd'hui, nous serons trop peu nombreux et n'aurons pas l'impact espéré. Continuons à informer la communauté. Il faut avoir le maximum d'étudiants avec nous pour peser réellement sur le cours des évènements. Il ne faut surtout pas nous disperser ni perdre notre sang-froid. Nous avons un objectif. Restons concentrés dessus, notre action n'en sera que plus bonifiée. »

Tant bien que mal, les activistes avaient réussi à contenir la colère de leurs camarades. Au matin du 20 mars, les étudiants se rassemblèrent en grand nombre devant la salle des promotions. Le trajet retenu pour la marche devait les mener du campus vers la cité où les plus radicaux d'entre eux espéraient secrètement rallier la population à leur cause et pourquoi pas une vraie révolution en bonne et due forme...

Pourtant à l'approche de l'heure de départ de la marche, Mossengo et les autres étaient inquiets : l'abbé César, leur aumônier charismatique ne participerait pas à la marche sur ordre de son évêque. Il lui était de plus interdit d'entrer en contact avec les étudiants. Il avait tôt le matin envoyé un texto à Julie lui demandant de prévenir le reste de l'équipe. Ils avaient décidé de taire la nouvelle de peur de démobiliser les étudiants.

Mossengo avait pris la tête du cortège après avoir harangué la foule à l'aide d'un mégaphone. Lorsqu'une voix se fit entendre demandant où se trouvait le prêtre, Julie monta sur l'estrade, prit la parole et cria :

« César ou pas César on s'en fout ! Mussaka dégage ! Mussaka dégage ! Nous voulons le changement ! Nous voulons le changement ! Mussaka dégage ! »

Le leitmotiv fut repris en cœur et la marche débuta dans une ambiance festive au grand soulagement de Mossengo qui, en l'absence du prêtre, en était devenu le leader. On chantait, on dansait, on marchait. On transpirait sous la chaleur, on ne s'en rendait pas compte. Le peuple estudiantin était porté par une envie irrépressible de révolution. Ils pesaient sur les évènements. Ils allaient changer le monde, leur monde. Ils le changeaient. Ils en étaient convaincus.

Le cortège grossissait au fur et à mesure. Il apparut clairement que la population se joignait aux étudiants manifestement en phase avec les revendications qui recoupaient leurs souffrances quotidiennes. La manifestation échappait au contrôle des organisateurs. Les slogans ne visaient plus seulement le recteur Mussaka, mais aussi toute la classe politique corrompue. Des calicots de fortune se côtoyaient et réclamaient plus de justice sociale, moins de corruption. Au croisement des avenues Université et Salongo, le cortège fut rejoint par des jeunes des bas quartiers attirés par le caractère festif. Chants et danses accompagnaient les marcheurs. La place de l'indépendance était à moins de trois quarts d'heure de marche à présent. Les policiers du sous-commissariat du quartier Kabinda dont le conteneur-bureau se trouvait non loin de là regardaient les marcheurs passer avec un certain amusement. Aucun ordre de la hiérarchie n'avait été transmis jusque-là. Mossengo se détacha du groupe pour parler aux policiers.

« Chefs ! Qu'attendez-vous pour vous joindre à nous ? Soyez du côté du peuple et le peuple se souviendra de vous le moment venu ! Venez avec nous. Vous souffrez comme nous ! Vous n'êtes même pas payés régulièrement. Vos chefs vous méprisent, mais vous demandent de les défendre. Changez votre fusil d'épaule et rejoignez le camp du progrès !!! »

Les policiers ne réagirent pas.

Avant de retrouver la marche, Mossengo leur cria : « Souvenez-vous de ce que je vous ai dit. Cherchez votre intérêt pendant qu'il est encore temps ».

Par son acte, il venait de transformer formellement la petite manifestation étudiante en manifestation populaire.

Comme prévu, les autorités avaient été prises de court. L'information sur le groupe des activistes avait mis plus de temps à remonter si bien qu'aucune intervention n'avait été mise en place pour contrer la marche des étudiants comme ce fut le cas à Kinshasa en 1969. Dans la panique, le patron de l'antenne locale du Service national des renseignements (SNR) qui dépendait du Ministère de l'Intérieur, le colonel Bossamongi avait convoqué en urgence le Professeur Mussaka pour lui demander des explications. Le recteur qui n'était pas né de la dernière pluie avait pris soin d'appeler au préalable une ancienne maîtresse, Madame Angie Somuna, cousine germaine de son excellence Janvier Bassongo, le ministre de l'intérieur lui-même pour qu'elle prenne les dispositions idoines.

L'entretien fut tendu.

« D'après nos renseignements, vous avez encouragé des activités antipatriotiques sur le campus. Vous avez accordé votre soutien à un agitateur en soutane.

— J'espère que vos propos relèvent de la plaisanterie mon colonel.

— Que nenni professeur. J'ai dans mes archives un ensemble de BI[1] qui l'attestent. »

Le colonel bluffait. En tant que responsable local du SNR il avait des comptes à rendre pour sauver son poste et justifier son maintien. Alors qu'il n'avait rien à « donner à manger » à ses supérieurs, il espérait un faux pas de l'universitaire pour cacher ses propres manquements. Il s'en voulait de n'avoir rien su.

« Vous dites bien avoir un ensemble des BI l'attestant reprit Mussaka posément.

— Exactement professeur.

— Puis-je savoir de quand datent les premiers ? »

Le militaire se demanda un court moment quelle réponse donner, flairant un piège.

« Je ne suis pas censé vous donner pareils renseignements. J'ai suffisamment d'éléments vous mettant en cause.

— Alors, laissez-moi vous dire ce que je pense. Vous n'avez rien pour m'accuser et vous le savez. Simplement parce qu'il n'y a rien qui puisse m'accabler. Cette convocation est pour moi une perte de temps qui m'empêche d'être sur le campus pour gérer cette crise. Je ne manquerai pas de le rappeler à ma hiérarchie. J'espère pour vous que cette manifestation n'entraînera pas de problèmes particuliers. En attendant, en ce qui vous concerne, je sais de bonne source que vos nuits et vos week-

[1] Billet d'information.

75

ends sont bien occupés. Vous traverseriez un moment de félicité qui semble vous distraire parfois. N'est-ce pas la raison pour laquelle vous n'avez rien vu venir ? Des personnes de votre entourage font partie du noyau dur de la manifestation. »

Mussaka faisait allusion à la nouvelle amourette du colonel, une étudiante en lettres modernes, qui lui faisait un peu oublier son veuvage. On les voyait souvent ensemble à la « Pépite », la coquette boîte de nuit prisée par les étudiants. Les propos de Mussaka le désarçonnèrent. De fait il n'avait pas de nouvelles de Charlotte partie deux jours plus tôt à Seke-Banza rendre visite à ses parents. Un gros doute lui traversa l'esprit : et si la pulpeuse était en mission commandée pour l'endormir. Et si cette relation le rendait moins incisif ? Ils étaient bien ensemble, mais elle ne parlait jamais de ses études sinon pour demander de l'argent destiné à l'achat des syllabi. L'espion se sentit très mal dans sa peau. La sonnerie de son portable Nokia 3310 lui permit de sauver la face. Il s'excusa auprès de son invité et s'isola dans la pièce d'à côté.

Le recteur fut bien content de lui-même. Charlotte ne faisait pas partie du groupe de César. Il le savait. Mais de ce poker menteur, il devait sortir la tête haute. Son esprit machiavélique avait trouvé la faille et s'y était engouffré. Il avait pris l'avantage. Il enrageait de rester encore dans ce bureau. Normalement, si son ancienne copine avait transmis le message, le ministre aurait dû donner l'ordre de le laisser repartir. C'est peut-être lui qui appelait d'ailleurs. Il allait être fixé dans les prochaines minutes. Il respira profondément et attendit.

Bossamongi était en début de la cinquantaine de taille moyenne et d'allure plutôt sportive, marié sur le tard, il était très tôt entré dans le veuvage. Revenant dans la pièce, il affichait un sourire gêné. Il avait l'air nettement moins sûr de lui. Il ne savait pas très bien quoi faire de ses mains. Un tas de papiers placés sur son bureau occupa un instant ses mains désœuvrées puis sans arrêter de ranger il parla sans regarder son interlocuteur.

« Professeur Mussaka. Nous avons fait des vérifications et avons trouvé un certain nombre d'éléments qui nous permettent de croire que vous n'avez pas grand-chose à vous reprocher par rapport à ce qui se passe actuellement. Ce qui évidemment ne nous permet pas de justifier votre présence ici. Nous n'allons donc plus vous retenir plus longtemps. Bien entendu nous restons à vos côtés pour juguler cette crise. »

Bossamongi avait menti. Il n'avait pas voulu perdre la face. Il n'a pas eu le cran de rapporter à son visiteur la conversation qu'il venait d'avoir avec le ministre. Savon était l'épithète qui la décrivait le mieux. Mussaka avait perçu le malaise du chef de sécurité et en avait malicieusement tiré la conclusion que sa maîtresse avait fait le job. Aussi se permit-il de conclure la rencontre avec humour, mais aussi un certain cynisme à peine dissimulé.

« Je vous remercie de votre hospitalité. J'aimerais bien revenir en profiter sous de meilleurs auspices même si je crains que nous n'en ayons pas l'occasion. Le cas échéant, je ne manquerai pas de vous inviter pour partager nos impressions sur l'avenir de notre jeunesse quelque peu perturbée par les temps qui courent.

— Ce serait certainement avec plaisir balbutia l'officier malgré le malaise qui se lisait sans peine sur son visage. »

Il le raccompagna au pas de la porte du bureau et ordonna à un collaborateur de remmener Mussaka sur le campus.

Resté seul, il prépara un mémorandum sur la situation sécuritaire de la région. Il convoqua ensuite une réunion extraordinaire avec tous ses collaborateurs pour faire le point. Au téléphone, manifestement énervé par la convocation de Mussaka, le ministre l'avait verbalement suspendu de ses fonctions et avait promis d'envoyer dans la foulée « une équipe des professionnels » pour prendre les choses en main. Il espérait sans trop y croire qu'une fois calmé, Janvier Bassongo, ministre de l'Intérieur, reviendrait sur sa décision, d'autant plus qu'il l'avait appelé de chez lui, ce qui laisserait penser que ses propos hurlés au téléphone n'avaient été entendus que par des non officiels, à qui il n'aurait pas besoin de prouver qu'il ne revient jamais sur sa parole. Si l'appel avait été fait des bureaux de son ministère, il aurait évité de se dédire en public. Il s'accrochait à ce faible espoir, mince, mais espoir quand même. À cette heure de la journée et vue, le contexte tendu par la marche des étudiants, il ne voyait pas bien quelle autorité contacter pour tenter de résoudre son tourment. Un tourment, dont les contours, pour le moins qu'on puisse dire étaient flous. Comment et à qui exposer un problème si mal défini ? Attendre était la seule option qui lui restait pour le moment. Faire le canard et laisser couler sur sa peau cette eau sale en attendant les jours meilleurs.

Malheureusement pour lui, la trêve ne dura pas longtemps !

10. ... Contre ceux qui sont violents...

Tantôt on emploie les termes force *et* violence *en parlant des actes de l'autorité, tantôt en parlant des actes de révolte. (...) Il faudrait réserver le terme* violence *pour la deuxième acception ; nous dirions donc que la force a pour objet d'imposer l'organisation d'un certain ordre social dans lequel une minorité gouverne, tandis que la violence tend à la destruction de cet ordre. La bourgeoisie a employé la force depuis le début des temps modernes, tandis que le prolétariat réagit maintenant contre elle et contre l'État par la violence.*

(*Sorel, Réflexion sur la violence, 1908, p. 256*)

« Colonel, mon ordre de mission est formel là-dessus. Vous quittez vos fonctions à l'instant où je pose mes pieds sur la moquette de votre bureau. Vous n'emportez rien. Dans les 30 jours qui vont suivre, nous allons gérer la situation et faire les vérifications qui s'imposent sur la qualité de votre travail. Au bout de cette période, le ministre prendra une décision. Pour le moment vous êtes suspendu ! Soyez heureux, votre salaire, lui, ne l'est pas ! Notez également qu'il vous est interdit de quitter la ville.

— À vos ordres mon général ! »

Les vieux réflexes de subalterne soumis étaient remontés à la surface. Il n'avait pas d'autre alternative que de s'incliner. Chassé de son bureau comme un malfrat, sorti par la petite porte, obligé de suivre les évènements en simple spectateur, il se demandait bien à quoi il allait occuper ses journées.

Le général Kandama était sorti du placard par le ministre pour gérer la crise. Cela ressemblait fort bien à une résurrection. Trois ans plus tôt, il avait été démis de toutes ses fonctions. Il avait été accusé de trafic de matières précieuses... Cinq cents grammes de minerais d'or avaient été retrouvés par hasard à bord du bateau transportant les jeunes recrues qu'il emmenait à Kasese pour leur formation. La veille du départ, des enquêteurs spéciaux de la Police militaire étaient venus fouiller le bateau de fond en comble. On ne saura jamais si l'or n'était pas arrivé sur le navire en même temps que les enquêteurs. Il se murmurait que Kandamba avait fait la cour à Maman Lina, une de ces femmes commerçantes que lorgnait également le Premier ministre... La suite on la connaît. Kandamba avait perdu son travail avant d'obtenir Maman Lina. Mais entretemps, le Premier ministre avait été changé. Un de ses amis était devenu ministre de l'Intérieur pendant qu'un colonel de l'armée n'avait pas vu venir une révolte estudiantine qui dérapait. Dans ce pays on vivait à cent à l'heure, les carrières ne tenaient qu'à un fil. Pour ceux qui s'inquiéteraient du sort de Maman Lina, elle se consolait de la disgrâce du Premier ministre dans les bras d'un homme qui avait fait fortune dans le diamant et dont la couleur de la peau était très claire... On dit souvent de ces pierres qu'elles sont éternelles. Maman Lina l'avait bien compris !

Dans son malheur, Bossamongi cherchait de petits indices qui auraient pu le rassurer. Primo, son salaire continuerait à être versé. Plutôt bon signe. Secundo, il était obligé de rester dans la ville. Mauvais signe. Si le but de la manœuvre était juste de lui infliger une punition sans lendemains, il lui aurait permis de quitter la ville. Il aurait ainsi pu prétexter une urgence personnelle et présenter l'arrivée du général comme un intérim. En l'obligeant à se cantonner à un rôle de spectateur à un moment aussi critique, c'est son autorité future qui était sapée par la décision ministérielle. Comment pourrait-il par après en imposer sur ses hommes qui l'ont vu débarquer des affaires dans les heures les plus chaudes ? Au sein de l'appareil de l'état on sait que ceux s'en sortent dans la gestion des crises obtiennent bien souvent des récompenses à la hauteur de leurs ambitions. À Bossamongi on avait ôté toute possibilité de promotion en le renvoyant dans les cordes.

Sur la balance, le deuxième indice semblait plus lourd. Le visage du colonel s'assombrissait. Les jours à venir seraient plus durs à moins que... le Gouvernement, pourquoi pas le régime pendant qu'on y est, ne tombe ! Un instant il se demanda s'il ne devait pas donner un coup de pouce au destin. Il se ravisa : il n'en avait pas les moyens.

Pendant ce temps, la place de l'indépendance était noire de monde. L'ambiance était festive. Les jeunes gens chantaient et dansaient. La cause estudiantine avait gagné la population, surtout dans sa frange la plus jeune.

« Tokokende te tokolala awa!

Baboma biso, ya Djiki ayoka! »[2]

La centaine des policiers présents sur les lieux s'était regroupée sous un arbre. Sans ordres précis, en trop petit nombre, ils se contentaient d'observer, avec un certain amusement. Depuis quelques semaines la colère grondait également dans ses rangs. Les salaires n'étaient pas versés. Les Policiers affectés en périphérie devaient se débrouiller pour survivre. Selon un adage répandu parmi les corps habillés, *les civils sont notre champ, l'herbe qui y pousse est toujours verte.*

Sur une estrade improvisée se succédaient des orateurs du même acabit. D'abord les étudiants. Mossengo servait de maître de cérémonie. Les uns après les autres, avec hargne et humour, ils fustigeaient la gestion de Sirayi sous les applaudissements et les rires de la foule. Dans la foulée, toujours dans sa stratégie consciente ou inconsciente d'entraîner la foule dans la révolution, il invita ceux qui en avaient le courage et la volonté à monter sur le podium exprimer leurs griefs contre ceux qui gouvernaient. La manifestation avait dès lors définitivement basculé ! Ce n'était plus les étudiants qui en voulaient à leur recteur, c'était le peuple qui en voulait au gouvernement en entier. Un mégaphone dont personne ne pouvait retracer l'origine passa de main en main jusqu'à Mossengo. Son message fut mieux perçu par la foule agglutinée.

---

[2] « Nous ne partirons pas nous dormirons ici. Qu'ils nous tuent Ya Gizi sera au courant. »
Ya Gizi était le surnom affectueux du principal opposant au pouvoir en place.

84

Julie lui arracha presque le porte-voix pour s'adresser aux femmes.

« À vous nos mamans !

Vous qui nous mettez au monde !

Vous qui nous élevez !

Vous qui voulez notre bien en nous envoyant à l'école

Vous qui vous battez du matin au soir pour payer ces frais de plus en plus exorbitants

À vous nos mamans

Sachez que nous vos filles nous souffrons !

Souvent étudier ne suffit pas !

Il faut aussi corrompre, donner de l'argent ou donner plus que de l'argent pour réussir !

Ceux à qui vous avez donné le pouvoir de nous éduquer sont devenus maîtres en chantage, des escrocs sans foi ni loi.

Autant ils vous font souffrir au quotidien, au marché, dans les administrations, dans les hôpitaux ou dans les bus, autant ils nous en font voir à l'Université !

À vous nos Mamans !

Nous avons le même ennemi : c'est ce système de voleurs qu'il faut renverser !

Rejoignez-nous et que ça change aujourd'hui ! Pas demain ! Aujourd'hui !!! »

La foule électrisée applaudissait. Les agents de sécurité présents dans la foule transmettaient en temps et en heure au quartier général du Service national des renseignements les discours tenus par les orateurs. C'était de plus en plus chaud !

Une vieille femme demanda à parler. Elle eut du mal à monter sur l'estrade. L'arthrose rongeant ses articulations ne lui laissait que très peu de répit ! Mais elle était là. Transpirant, haletant, titubant, mais bien présente !

« Mes enfants !

Il y a 30 ans j'étais au stade pour demander l'indépendance. Mon fiancé est mort sous mes yeux, fauché par les balles de la police coloniale. Je ne l'ai pas pleuré. Il est mort pour que notre pays soit un havre de paix et de progrès. Il est mort, car nous voulions vivre libres ! Notre indépendance a été volée ! Notre honneur a été violé. Le sang de nos martyrs a été souillé par ces affairistes qui sont au pouvoir partout ! La police, l'armée, le gouvernement, l'université, tout est gangrené. Il faut crever l'abcès. Je suis venue vous dire tout mon soutien. Malgré mes douleurs je suis là ! On n'abandonne pas le combat !

Le peuple d'abord ! »

Des cris de soutien fusaient de la foule. On criait, on chantait, on applaudissait ces orateurs improbables vingt-quatre heures plus tôt.

Au commissariat de district où se tenait un conseil extraordinaire de sécurité soufflait un vent de panique. La situation semblait échapper à tout contrôle. Entre les partisans d'une approche douce et ceux pour l'usage de la force, la fracture semblait irréconciliable.

Le colonel Nsangi, commandant de la Police de la Lukaya, conscient de sa faiblesse logistique, préconisait le dialogue.

« On connaît bien tous ces jeunes gens qui mènent la danse. On leur parle tous les jours. On peut continuer à leur parler. La priorité est de contenir et de disperser la manifestation. Ils vont commencer à avoir faim et soif. Ils ne tiendront pas toute la journée. Avec quelques barrages bien placés, on peut empêcher les vendeurs ambulants de rejoindre la place de l'indépendance. Le Commissaire de District pourrait envoyer des émissaires rassurer les étudiants. Il faut leur dire que l'on a compris le message et que des décisions seront prises. Ça va calmer tout le monde. Le SNR dispose des contacts des principaux leaders. On peut les contacter les uns après les autres et leur mettre la pression !

— C'est une idée intéressante commenta le Commissaire de District.

— Sauf que je ne la pense pas opérationnelle rétorqua le général. Une seule personne peut arrêter ce délire.

— Et qui est cette personne ? demanda le Commissaire.

— C'est l'Abbé César.

— Et pourquoi lui ? s'écria le policier un brin dubitatif.

— Car depuis des mois il a fait un travail de fourmi avec une obscure association et ce que nous voyons là sous nos yeux, c'est le fruit arrivé à maturité. Vous avez ici son dossier. Tout sur lui. Sa taille, la couleur de ses yeux, la couleur de ses sous-vêtements, ses habitudes, ses fréquentations, ses livres favoris, etc.

— Combien de fois pète-t-il par jour demanda avec ironie le colonel Nsangi que les méthodes de la SNR révulsaient. Une montagne d'informations souvent inutilisables. »

Les participants à la réunion éclatèrent de rire. Le général ne se démonta pas et répondit tranquillement.

« C'est à la page dix-sept. Deux à trois fois par jour ! »

Il avait mis les rieurs de son côté.

L'assemblée parcourut le document pendant quelques minutes en s'extasiant sur son exhaustivité.

« Cet homme est le seul capable d'arrêter ce mouvement. Il a le charisme qu'il faut pour cela. C'est lui qu'il faut convaincre !

— Si je comprends bien vous rejoignez l'avis du commandant de la police mon général...

— J'aimerais bien, mais ce n'est pas possible. Personne ne sait où il se trouve. Je l'ai fait chercher dès ma prise de fonctions. Il est absent de sa chambre et peut être même du district.

— J'ai un peu du mal à suivre. Ce prêtre serait celui qui a façonné cette révolte. Au moment où son travail donne des résultats, il n'est pas là pour en jouir ! C'est plutôt curieux comme mode de fonctionnement ne trouvez-vous pas ? demanda le colonel Nsangi.

— C'est très bizarre en effet renchéri le général. J'essaie de comprendre. Je n'ai pas encore de réponse tranchée.

C'était la première fois qu'il était d'accord avec le chef de la Police. Il reprit son discours.

« Les confrères du prêtre ne savent pas ou refusent de nous dire où le trouver. En même temps il n'y a rien à lui reprocher à ce stade. Nous ne pouvons pas le faire rechercher dans le cadre de la justice ordinaire. Nous n'avons pas le temps d'attendre. Il faut disperser cette manifestation. Sinon c'est Kinshasa qui s'en mêlera. Croyez-moi sur parole.

— On ne va pas continuer à pinailler dessus, trancha le Commissaire de district, président de séance. Colonel Nsangi, poursuivit-il, vous avez une heure, pas une minute de plus pour retrouver le prélat. Si dans cinquante-neuf minutes nous n'avons pas de nouvelles, vous avez l'ordre de disperser cette manifestation par tous les moyens.

— À vos ordres. Je vais tout mettre en œuvre pour le ramener et régler ce problème.

— Mon petit doigt me dit qu'une heure est un délai trop long maugréa Kambanda.

— Vous avez une autre proposition mon général ? demanda le Commissaire de district sur un ton qui n'attendait nullement de réponse.

— Non Commissaire, je m'associe à cette décision. Rendez-vous dans une heure.

— Cinquante-sept minutes, corrigea le Commissaire de district. »

De fait, le délai accordé par le Commissaire de district était trop long. Alors qu'ils se réunissaient, pour plaire au Président de la République lui-même, le ministre de la Défense avait donné l'ordre au Commandant du douzième bataillon blindé de se rendre à la Lukaya disperser cette manifestation avant qu'elle ne soit évoquée par les radios périphériques. Il avait pris l'initiative de son propre chef et espérait secrètement en tirer le maximum de bénéfices. Il serait celui qui aura sauvé le régime ! Le douzième bataillon était cantonné à treize kilomètres de la Lukaya. Alors que Nsangi et Kambanda s'affrontaient à fleurets mouchetés, les militaires étaient à cinq minutes des manifestants. Ils ne l'apprirent qu'une fois sortis de la salle des conférences du district. Décidément plus rien ne fonctionnait normalement.

11. ... ET QUI NE COMPRENNENT AUCUN AUTRE LANGAGE QUE CELUI-LA...

Cette colère, je la nie ; cette envie, je la réprime à coups de botte. Cette mélancolie, je ne l'entends même pas qui gémit comme le chien à la fente d'une porte ; ce désespoir, je lui dis : couche-toi et dors.

(Alain, Propos, 1913, p. 158).

Monseigneur Tubatuba était un homme remarquable. C'est à l'âge de soixante-deux ans qu'il fut nommé à la tête du diocèse en remplacement de Monseigneur Zulu atteint par la limite d'âge. Très tôt qu'il avait rejoint la diplomatie vaticane si bien qu'en trente-cinq ans de sacerdoce, il n'avait quasiment jamais vécu une semaine d'affilée au pays. Sa nomination avait été interprétée par certains comme une mise à l'écart. L'homme qui avait accumulé réunions, rencontres et négociations secrètes à travers le monde devait se sentir à l'étroit dans un diocèse, certes situé non loin de la capitale, mais tout de même en milieu rural... On ne sait pas très bien pourquoi le Pape, Jean-Paul II, peu avant sa mort, l'avait « renvoyé au bled ». Il semble pourtant qu'il ne s'est pas du tout agi d'une mise à l'écart, mais plutôt d'une mesure de protection en sa faveur. Jean-Paul II se savait mourant. Jean-Paul II savait qu'après sa mort, ses proches collaborateurs auraient pu vivre des situations difficiles avec la nouvelle curie. Jean-Paul II a choisi de les préserver. La désignation de Tubatuba à la tête du diocèse de la Lukaya le mettait à l'abri de mauvais coups pour quinze ans alors qu'il aurait pu se retrouver sans aucune fonction dans les couloirs de la cité des Papes, se contentant de lire les manuscrits anciens...

De sa longue carrière de diplomate au service de l'Église, Tubatuba avait gardé un dense réseau d'informateurs. Un de ses contacts, Julio Rodriguez, était membre des services secrets vénézuéliens d'Hugo Chavez. Ce dernier portait un intérêt particulier à l'Afrique. Il suivait de près l'actualité du continent. Pour bien combattre l'impérialisme, aimait-il à répéter, il faut regarder ce qui se passe en Afrique, c'est là qu'il est le plus flamboyant. Ce que l'on y voit préfigure toujours le plat dans lequel seront mangés les plus faibles. Il ne faut jamais oublier que le capitalisme est né avec l'esclavage avant d'engendrer le salariat. C'est aussi en Afrique que les premiers camps de concentration virent le jour... Forts de cet argumentaire, les barbouzes vénézuéliens scrutaient.

Tubatuba était au courant de beaucoup de choses, les plus sérieuses comme les plus insignifiantes, les plus anecdotiques comme les plus significatives. C'est une des raisons pour lesquelles sa nomination à la tête du diocèse ne fut pas si bien accueillie. Ceux qui avaient des choses à cacher se posaient beaucoup de questions. L'homme des réseaux allait certainement en créer un dans un objectif de nuisance. Une autre partie du clergé redoutait une gestion trop politique, voire politisée. Tubatuba habitué aux jeux de pouvoir et de puissance, pensaient-ils, reproduirait sans doute, à l'échelle du diocèse, un univers machiavélien. En fin de compte tous lui reprochaient sa méconnaissance d'un diocèse où il n'a jamais ni vécu ni travaillé ! C'était un parachuté ! Il y en a plein qui aurait bien voulu prendre la suite de Monseigneur Juju surtout parmi les enseignants du Grand Séminaire. Le Pape en avait décidé autrement. Monseigneur Tubatuba n'y venait pas souvent, certes, mais c'est bien lui qui s'occupait des diocèses d'Afrique centrale au sein de la diplomatie vaticane. C'est lui qui préparait les dossiers pour la Curie. C'est tout de même lui qui préparait les voyages du Pape en Afrique et négociait les rencontres avec les opposants aux régimes en place peu enclins à la démocratie. Contrairement à la perception de ses administrés, cette nomination n'était pas si illogique que ça en fin de compte...

La veille de la marche de protestation, Monseigneur Tubatuba mis au courant et conscient du risque encouru avait mandé chercher César manu militari par sa garde rapprochée, son secrétaire-chancelier ainsi que son homme à tout faire qui officiellement lui servait de secrétaire particulier. L'évêque espérait ainsi désamorcer le mouvement par l'absence de son leader naturel. Mais le mouvement avait depuis longtemps échappé au jeune prêtre...

Tubatuba était au fait de la panique que les étudiants avaient provoquée au sein des services de sécurité. C'est ce qui l'inquiétait le plus. On n'était pas loin du scénario catastrophe. Dans cette agitation, des décisions non mûries pour pallier l'immédiat allaient être prises...

Monseigneur Tubatuba tenta à plusieurs reprises de joindre le Président de la République sans succès. Il voulait éviter une violente répression de la part des forces de l'ordre et la publication du nom de César dans les comptes-rendus de la presse. Cela aurait eu de fâcheuses conséquences sur les négociations qu'il menait pour la restitution par l'état des biens de l'Église nationalisés une trentaine d'années plus tôt. César devait rester loin des évènements, se faire oublier en attendant une porte de sortie honorable. Laquelle s'agissait-il de trouver ?

Alors que Mossengo continuait à donner la parole aux uns et aux autres, l'attention de la foule fut attirée par un bruit assourdissant. C'était la sirène du command-car du douzième bataillon qui au maximum de sa puissance caressait les tympans. Toutes les têtes se tournèrent du côté de l'avenue Salongo barrée par une impressionnante colonne des blindés surmontés des canons. Tous les manifestants présents, comme un seul homme, s'écrièrent « Baye[3] ! » et applaudirent à tout rompre comme s'ils avaient attendu ce moment. Leur ardeur en fut décuplée. À la vue du déploiement militaire, les policiers présents sur les lieux demandèrent les ordres à leur commandement. Nangi leur donna l'ordre de retourner dans leur caserne, l'affaire n'étant manifestement plus de son ressort. On assista à un drôle de spectacle. Une centaine des militaires en file indienne remontait une colonne de blindés, le regard fixe.

---

[3] Littéralement : « Ils sont arrivés ».

Le général Somono commandant du douzième bataillon était conscient de son manque d'expertise dans la gestion des foules. Il avait choisi de faire de la psychologie à sa façon. Il espérait impressionner les manifestants par son armada et les convaincre par ce biais de se disperser. À l'aide de son porte-voix, il émergea de son command-car et se mit à haranguer la foule.

« Mesdames, messieurs, papas, mamans, enfants, jeunes et vieux. Nous ne vous voulons aucun mal. Nous sommes là pour vous. Nous sommes là pour vous protéger, mais nous ne voulons pas du désordre. Les autorités nous ont demandé d'arrêter cette cérémonie. On va tous rentrer tranquillement à la maison. Si vous restez calmes, tout se passera bien, croyez-moi ! Nous sommes là pour vous. Que tout le monde se mette à rentrer tranquillement à la maison. »

La voix grave du général amplifiée par le porte-voix résonnait encore en écho lorsque de la foule on entendit monter petit à petit un refrain finalement repris par tous.

« Eeh toboyi chh. Eh toboyi, eh ![4] »

Ils n'avaient peur de rien. Ils n'écoutaient pas le général qui vociférait. Rien ne se passait comme prévu. Sur l'estrade, Mossengo éructait un discours bien rodé.

« C'est notre droit de manifester. Cela n'a jamais été un crime ni ici ni ailleurs dans le monde.

---

[4] Littéralement : nous refusons.

Laissez-nous crier notre colère. Nous n'avons tué personne. Nous n'avons agressé personne. Nous n'avons insulté personne. Nous réclamons nos droits. Rien de plus. Que croyez-vous ? Que nous sommes en guerre ? Que nous sommes armés ? Pourquoi venez-vous avec un tel arsenal ? Nous n'avons pas peur ! Nous n'avons plus peur ! C'est vous qui avez peur ! C'est pourquoi vous venez en si grand nombre pour vous attaquer à des personnes sans défense. C'est à vous de rentrer. Retournez dans votre camp et laissez-nous en paix ! »

La foule se mit alors à crier.

« Eh, bozonga na camp eh ! Eeh bozonga na camp eh[5] »

Somono tenta de parler, mais ce fut en vin. Mossengo poursuivit galvanisé.

« Ils croient nous faire peur. Nous ne partirons pas. C'est Mussaka qui doit partir et tous ceux qui le soutiennent ! Il doit partir ! Il doit partir ! »

La foule reprit à son compte cette dernière phrase.

« Il doit partir ! Il doit partir ! »

Ne pouvant les empêcher de parler, Somono décida de les empêcher de s'entendre. Il donna l'ordre de faire sonner au maximum les sirènes. Les personnes présentes sur la place de l'indépendance huèrent les militaires. Ne pouvant plus saisir les

---

[5] Littéralement : retournez à la caserne.

paroles des orateurs, elles se dirigèrent vers la colonne des blindés à l'arrêt le long de l'avenue Salongo sans agressivité. Quelqu'un entonna un chant qui fut bientôt repris en cœur.

« Leo leo ndjo leo, Leo ndjo leo[6] »

Le command-car fit marche arrière et la sirène retentit à nouveau.

« Arrêtez – vous ! » lança Somono !

Personne ne fit attention à lui. Les manifestants avançaient tranquillement comme si de rien n'était.

Mossengo, Julie et les autres leaders fendirent la foule pour se retrouver en première ligne.

« Ne nous obligez pas à employer la force ! » éructa à nouveau Somono.

« Laissez-nous passer, nous rentrons chez nous. »

De fait, la remontée de la foule le long de l'avenue Salongo ressemblait à une nouvelle marche cette fois-ci en direction du campus. Le command — car remonta la colonne en marcher arrière. Les autres blindés reculaient au pas au fur et à mesure que la foule avançait. Une fois à l'arrière de la colonne, par radio, le général Somono ordonna à ses blindés de bloquer la route. La foule ne pouvait plus avancer. Deux blindés s'étaient placés côte à

---

[6] Littéralement : aujourd'hui (pas demain ni après-demain, mais aujourd'hui)

côte occupant la route sur toute sa largeur. Les manifestants arrêtés continuaient à chanter et à interpeller les militaires, leur proposant de se joindre à eux, car ils n'étaient pas eux non plus si bien traités que ça.

Somono s'adressa à nouveau à la foule sur un ton ferme.

« Nous n'allons pas continuer ainsi. Pour la dernière fois je vous ordonne de reculer et de rentrer chez vous sinon nous vous disperserons par la force ! »

Des huées couvrirent ces paroles. Soudain un projectile fut lancé de la foule. Le militaire visé l'esquiva sans effort, c'était un sachet rempli d'épluchures de cacahuètes. Somono décida alors d'en finir. Il avait trouvé un prétexte. La foule les attaquait. On entendit claquer des coups de feu. La foule se dispersa en catastrophe rebroussant chemin. Mossengo et Julie essayèrent de marcher calmement convaincus que les militaires tiraient en l'air. À leur droite se trouvait un salon de coiffure dont la gérante s'empressait de fermer les portes. Au moment où il se tournait vers Julie pour lui proposer de s'y réfugier, sa vue fut brouillée par un voile rouge. Une balle venait de traverser la jeune fille de part en part. C'était son sang qu'il avait reçu en plein visage.

12. ... MALGRE LES LARMES ET LES PLEURS...

... Sa fureur tombant soudain, comme une corde trop tendue qui casse, elle se sentit prête à pleurer. Elle fit des efforts terribles, se raidit, avala ses sanglots comme les enfants ; mais les pleurs montaient, luisaient au bord de ses paupières, et bientôt deux grosses larmes, se détachant des yeux, roulèrent lentement sur ses joues.

(Guy de Maupassant., Contes et nouvelles, *tome 2, Boule de suif, 1880, p. 152)*

Dans la cellule où il avait été assigné, César se demandait ce qui lui arrivait. Il aurait aimé être à côté de ses amis. Il avait fini par comprendre que son évêque l'avait intentionnellement empêché de manifester. Pourquoi ? De quoi se mêlait-il ? Sans téléphone ni radio, il ne savait pas ce qui se passait dehors. Il ne pouvait pas savoir. Il ne savait rien. Tout a été fait pour le maintenir à l'écart. Depuis quelques heures, il se sentait bizarre. Il avait l'impression d'avoir perdu une partie de son corps. Il était très angoissé. Était-il en train de devenir littéralement fou ? Il se posait définitivement la question lorsque deux coups secs furent frappés à la porte.

« Monsieur l'abbé ?

— Oui, vous pouvez ouvrir la porte.

— Monseigneur vous prie de me suivre. Il va vous recevoir à l'instant. »

On ne pouvait pas reprocher au secrétaire particulier de l'évêque de manquer des manières. On ne savait rien de lui. Il l'avait emmené dans ses bagages en arrivant au diocèse. D'une présence discrète, il lui servait aussi de garde du corps. Il ne dormait pas à l'évêché, mais y était chaque jour tôt le matin. Quand l'évêque voyageait, il prenait congé. On était sûr qu'ils ne partaient pas ensemble, en tout cas pas dans le même avion. Mais qui était vraiment cet homme ? Où vivait-il ? Avait-il une femme ? Avait-il des enfants ? Des questions que tout le monde se posait et auxquelles personne ne semblait apporter de réponses.

Le bureau de Monseigneur Tubatuba était richement meublé. Derrière lui s'alignaient les portraits des dix derniers papes décédés, généralement figés dans un sourire débonnaire. Les chaises étaient sculptées, des imitations plutôt réussies du style Louis XIV. Sur les murs de couleur blanc crème étaient accrochées l'une face à l'autre la carte du diocèse et celle du Congo en 1960, l'année de l'indépendance. Elles étaient probablement très différentes de la situation réelle sur le terrain, les voisins angolais et rwandais ayant réussi assez facilement à faire bouger les lignes au nom de la paix et du bon voisinage.

Tubatuba demanda à son confrère de s'asseoir. Pendant une dizaine de minutes, il ne dit rien. Il scruta l'écran de son ordinateur connecté à

Internet. Il avait l'air occupé, ignorant ostensiblement son invité.

Puis il mit son poste récepteur radio en marche. C'était l'heure du journal sur Radio France Internationale, la station périphérique la plus suivie au pays.

« ... Au micro pour le journal Hassan Diop. Ce journal partira de la République démocratique du Congo où une manifestation d'étudiants s'est soldée dans un bain de sang. Trois morts, dont deux jeunes filles et une cinquantaine de blessés dont une dizaine serait entre la vie et la mort. Les premières informations dont nous disposons indiquent qu'il s'agit d'un groupe d'étudiants réunis autour d'un prêtre, lui-même étudiant à l'Université de la Lukaya, l'abbé César, qui manifestait pour réclamer le départ du recteur de l'université. Les forces de l'ordre auraient tiré après les sommations d'usage. Nous ne disposons pas de plus d'éléments d'informations pour l'instant. Notre envoyé spécial sur place nous fera un compte-rendu complet plus tard dans la soirée. Retenez pour l'instant que la marche des étudiants organisée à l'Université de la Lukaya s'est soldée par trois morts ct une cinquantaine de blessés dont une dizaine serait dans un état grave. »

« Oh! mon Dieu ! soupira César. »

Mgr Tubatuba éteint la radio et continua à pianoter sur son clavier comme si de rien n'était. César restait digne malgré mille pensées qui s'entrechoquaient dans son cerveau. Il attendait le couperet avec dignité. Le silence imposé par

Tubatuba parut durer une éternité. Enfin il se tourna vers lui et entama la conversation.

« Monsieur l'abbé, on m'a appris que tu ne buvais plus...

— Je crains que la personne qui vous a informé n'ait quelque peu exagéré. Je continue à boire de l'eau et du vin.

— Hum. En effet de la première on ne saurait se passer à cause de notre corps qui en a besoin et du second on ne saurait se passer de par notre fonction.

— Je suis tout à fait d'accord avec vous Monseigneur.

— On m'a aussi appris que certaines personnes t'appelleraient "L'empereur"...

— C'est vrai Monseigneur, c'est à cause de mon prénom.

— Cela ne semble pas te gêner d'être assimilé à cet empereur qui franchit le Rubicon avec ton prénom pour nom...

— J'ai toujours eu un brin d'admiration pour mon illustre homonyme.

— Je comprends... Mais tes camarades de promotion ne t'appelleraient-ils pas Che Guevara ?

— Je dois reconnaître que vous en savez beaucoup sur mon compte Monseigneur...

— N'est-il pas de mon devoir d'être au courant de ce que font mes prêtres ?

— Cela fait bien partie de vos devoirs.

— Me confirmes-tu ce surnom ?

— Oui Monseigneur.

— Puis-je savoir pourquoi tu as été ainsi surnommé ?

— Mes camarades ont remarqué que j'avais foi en ce que je faisais et m'ont affublé ce surnom. »

La tournure prise par la conversation exaspérait le prêtre. Il ne pensait pas être venu pour discuter des différents sobriquets glanés tout le long de sa vie vu le contexte.

« Si je puis me permettre Monseigneur où voulez-vous en venir ?

— Voilà qui confirme les indications contenues dans mes fiches. Tu es un homme impatient n'est-ce pas ? Je ne suis pas sûr que ce soit une qualité mon cher ami... »

Après une courte pause, Tubatuba reprit la conversation là où il l'avait interrompue.

« Je voudrais en venir à ta promesse d'obéissance César. T'en souviens-tu ?

— Comment pourrais-je l'oublier ?

— Comment m'expliques-tu que tu sois Aumônier clandestin d'une association inconnue du Diocèse ? »

Le mot « clandestin » résonna comme un marteau dans la tête de César. Il le trouva particulièrement incongru. En cela Tubatuba montrait sans le vouloir son attachement viscéral à la hiérarchie, incapable d'innovation.

« Je m'excuse Monseigneur, je m'apprêtais à faire la demande officielle. Pour l'heure je considérais ma présence comme une activité purement pastorale. »

Tubatuba se leva de son fauteuil et cria presque en le regardant droit dans les yeux.

« Tu as été imprudent ! L'admets-tu ?

— Oui Monseigneur.

— As-tu mesuré la gravité de tes actes ? Trois morts César ! Trois morts, plusieurs blessés par balle !

— Je ne pensais pas qu'on allait en arriv...

— Tu ne pensais pas qu'on allait en arriver là, coupa Tubatuba visiblement hors de lui. Aurais-tu oublié où nous sommes ? Ce pays est dirigé par une bande de fous ! Ils se foutent de la démocratie comme de leur première paire de chaussettes ! Crois-tu que, moi, ton Évêque, j'approuve leur conduite ? Voudrais-tu pour autant que j'envoyasse le peuple de Dieu dans la rue jouer aux martyrs ? Je suis bien obligé de les rencontrer pour sauver ce qui peut l'être encore. Mais vous les jeunes êtes toujours dans une radicalité mal comprise et mal maîtrisée.

— Je vous demande pardon Monseigneur

— Tais-toi ! Rien ne changera dans ce pays par des voies démocratiques. Seule la lutte armée serait efficace dans nos conditions ! Il n'appartient pas aux prêtres de mener ce combat ni de risquer la vie du peuple de Dieu. Retiens le César. Aucune révolution, aucun changement, aucune amélioration des conditions sociales ne peuvent justifier la perte des vies humaines. Retiens-le pour toujours !

— Oui Monseigneur ! »

Tubatuba se mit à marcher autour de son bureau passant de ce fait la moitié du temps hors du champ visuel de César resté figé sur sa chaise, respirant très mal. Il en profita pour sourire à chaque fois dans le dos du prêtre, heureux de lui-même. Il se rassit avant de continuer son sermon.

« J'ai prié, j'ai réfléchi et le Saint-Esprit m'a inspiré un certain nombre de décisions. Tu es évidemment concerné. Pour l'instant tu vas aller passer deux semaines à la maison de retraite. Tu vas réfléchir sur la prudence évangélique. Tu mettras par écrit le fruit de tes réflexions. Je te donne ce cahier à dessein. J'ai envoyé un véhicule récupérer tes affaires. L'Université, c'est fini ! as-tu entendu ?

— Oui Monseigneur.

— Tu sais que l'abbé-chancelier est un amoureux de l'Histoire ?

— Oui Monseigneur.

— J'ai décidé de le laisser partir à Louvain préparer sa thèse de doctorat sur le rôle de l'Église durant la période coloniale. À la fin de ta retraite, tu le remplaceras. Tu seras désormais mon secrétaire et travailleras à mes côtés.

— Vous me surprenez Monseigneur.

— Rassure-toi, ce n'est pas une promotion, mais bel et bien une punition qui risque de durer longtemps... Tu verras ce que ça coûte à un révolutionnaire appelé Che Guevara de rester toute sa vie à côté d'un évêque otage de la sainte prudence romaine. Ça calmera tes ardeurs, Monsieur l'Abbé César.

— Oui Monseigneur

— Un chauffeur t'attend dehors pour te conduire à la maison de retraite. Tu peux disposer et n'oublies pas ton cahier.

— Merci Monseigneur. »

Resté seul, Monseigneur Tubatuba se parla à lui-même.

« J'aime bien ce jeune homme. Il est comme moi à son âge. Aujourd'hui je suis très loin de la révolution. Il sera bien obligé de s'assagir à mes côtés. Encore un Mozart que l'Église va assassiner... »

13. ... LA VIE CONTINUE

On combla la fosse et à grands coups de pelle on tassa la terre par-dessus

(Bosco, Le Mas Théotime, 1945, p.233)

Alors que Julie était portée en terre, César ouvrit le cahier remis par l'évêque à la troisième page. Il décapuchonna son stylographe et se mit à écrire.

« À toi Julie

Tu ne m'auras pas compris. Toi qui m'aimais vraiment. Je t'aimais pourtant. Sans doute pas comme tu le voulais, mais je t'aimais. Comment aurais-je pu choisir entre toi et le Christ ? Pour moi c'était mourir. Le Christ m'a appris à être triste. Il m'a demandé de le suivre, de t'abandonner toi ma compagne, d'être toujours de lui ivre, pour oublier l'ivresse de ton pagne.

J'avais promis, Julie, à tout le peuple de Dieu de rester chaste comme un soldat fourmi. Mais aussi de t'aimer par eux. De t'aimer comme membre de ce corps, de t'aimer sans t'aimer, de t'aimer sans lui causer du tort, de t'aimer pour t'aimer.

Tu ne l'avais pas compris parce que tu m'aimais. Tu étais amoureuse. Avant sans doute j'aurais dit oui à jamais. À présent je suis la fourmi pas prêteuse. Je ne prête pas l'amour. Je ne prête pas de faux sentiments. Je n'éprouve plus que le plus grand amour, l'amour chrétien, chaste et dément.

Personne ne le comprend, mais toi si douce, si belle, si intelligente, cet amour je le pense tu l'aurais compris en restant patiente.

Adieu Julie je te reverrai au paradis. Nos âmes s'aimeront et ce ne sera pas et ce ne sera pas péché.

Mais dans quel monde suis-je où s'aimer est un péché ? Pardonne-moi Julie, pardonne-moi. J'étais prisonnier. Maintenant je ne vivrai que pour toi, pour te rejoindre un jour.

Je t'aime à jamais.

Ton César à toi.

De l'autre côté de la cité, courageusement, la mère de Julie prit une pelle, la chargea et jeta le sable dans la fosse.

"Repose-toi ma fille".

Ce furent ses dernières paroles.

TABLE DES MATIERES

POST-SCRIPTUM

4 juin 1969, devoir de mémoire : "il faut exorciser le pouvoir", déclare François Kandolo

4 juin 1969-4 juin 2007, il y a 38 ans, une marche pacifique du Cercle des Étudiants de Kinshasa (CEK), composé des étudiants de l'Université Lovanium, de l'IPN, de la Régence de Saint Raphaël (actuel ISC), de la Régence du Sacré Cœur (actuel ISP), IBPT, de l'Académie des Beaux-Arts, de l'Institut des Bâtiments et Travaux publics, était réprimée dans le sang par les forces de l'ordre du régime Mobutu, faisant cinquante morts et des centaines de blessés. Selon le dernier président de l'Association Générale des Étudiants de Lovanium(Agel), membre de l'Union Générale des Étudiants du Congo (Ugec), François Kandolo wa Kashala, Directeur général du Centre de perfectionnement aux techniques de développement (Cepetede), les étudiants de l'époque avaient manifesté contre le rejet par le président Mobutu de la "Charte de Goma", initiée par le ministre de l'Éducation nationale, Antoine Roger Kithima Bin Ramazani.

Celle-ci préconisait la coresponsabilité des autorités académiques et des étudiants dans la gestion de l'université, alors que les étudiants eux-mêmes préféraient la cogestion, a-t-il fait savoir. Et de renchérir que la rencontre de Goma, en avril 1969, n'était que le prolongement des réflexions entamées en 1963 à la suite de la grève des étudiants, entre Hubert Makanda Kabobi, président de l'Agel et le ministre belge des Affaires étrangères, Paul-Henri Spaak.

Au cours des échanges, les étudiants de Lovanium avaient posé le problème des trois "D" (Décolonisation-Démocratisation-Déconcentration) dont la résolution devait consacrer leur émancipation vis-à-vis de Bruxelles, alors centre principal des décisions relatives à leur vie académique. Après le face à face macabre du 4 juin 1969 avec les forces de l'ordre, les leaders étudiants avaient été mis aux arrêts et jetés en prison.

Ce qui était arrivé le 4 juin 1969 semblait inscrit dans l'air du temps. Pour la première fois dans l'histoire des universités à travers le monde, l'ouverture d'une année académique s'était déroulée sous le rythme de la fermeture. En effet, le 28 octobre 1968, à l'occasion de la cérémonie d'ouverture solennelle de l'année académique 1968-1969, le ministre de l'Éducation nationale, Kithima Bin Ramazani avait eu la surprise d'être conspué par les étudiants réunis dans la salle de "Promotion", à la suite de son discours très élogieux à l'endroit du général Mobutu et de son parti, le MPR.

Immédiatement après la cérémonie, la réaction présidentielle avait été immédiate et annoncée par la RTNC : "l'Université Lovanium est fermée. Tous les étudiants doivent renouveler leur inscription moyennant présentation d'une carte d'affiliation à la Jeunesse du Mouvement populaire de la

Révolution". Imaginez ce que cela devait entraîner comme problèmes au niveau de l'organisation interne de l'université. Il a fallu l'intervention énergique de l'église catholique à travers le cardinal Malula et Mgr Tshibangu pour que ces barrières inutiles que le pouvoir venait d'ériger sur le chemin de l'université soient levées. C'est ainsi que sans le crier sur les toits, les étudiants étaient autorisés à rester dans leurs chambres et à suivre les cours.

Trente-neuf ans après cet incident bizarre et 38 ans après le massacre de 1969, François Kandolo, l'homme dont la sagesse avait permis d'éviter plusieurs catastrophes au cours de la même année est d'avis que la situation est pire aujourd'hui qu'à l'époque où ils avaient posé le problème de l'étudiant congolais. Aujourd'hui, c'est l'anxiété qui gagne les milieux universitaires. L'université, a-t-il relevé, n'est pas seulement le lieu de faire le social, mais plutôt un lieu où se forme et se forge la conscience d'une élite intellectuelle, qui constitue la conscience critique de la société.

Par cette métaphore, François Kandolo voudrait insister sur le fait que "l'intellectuel est un homme de principes et non du ventre, un homme qui appartient au monde numéral et non phénoménal."À une question du Phare concernant le gain que les étudiants de Lovanium et la société congolaise ont tiré de leur sacrifice du sang, l'ancien président de l'Agel a répondu en ces termes : "Nous ne combattions pas pour nous-mêmes. Bien que nous étions payés (bourses), restaurés, logés et véhiculés par l'État, nous avions conscience que nos compatriotes n'étaient pas libres. Il a fallu le massacre du 4 juin ainsi que la mascarade de procès qui l'avait suivi pour que le monde entier découvre que le pouvoir de Mobutu était militaro-fasciste". Il faut exorciser le pouvoir, a-t-il recommandé, car de 1969 à nos jours, ceux qui se succèdent au pouvoir (Kabila père, Kabila fils, le régime 1+4, les gouvernants de la 3e République reproduisent le schéma de la dictature de Mobutu. Le peuple congolais vit les mêmes méthodes de répression, de propagande et d'adoration de ceux qui exercent le pouvoir d'État, de prédation des richesses nationales, de liquidation des citoyens dits anti-patrie, de gestion d'amigos des services spéciaux, de musèlement des médias, de corruption de l'élite intellectuelle, etc.

Anaclet Vungbo et Joachim Bongeye
Kinshasa, 6/06/2007
[Le Phare, via mediacongo.net
http://www.mediacongo.net/show.asp?doc=596
6#. U hI7fnV9cQ]

Achevé d'imprimer en juin 20164 pour le compte des Éditions de l'Érablière